AI와 기술 영상

인공지능총서

인공지능 시대입니다. 기계가 인간의 인지를 대신하고, 사물이 인간을 통하지 않고 다른 사물과 직접 커뮤니케이션합니다. 이에 따른 인간 삶과 문명 변화를 정확히 이해 · 예측 · 대응하는 것은 이 시대 우리 모두의 과제입니다. 인공지능총서는 인공지능 기술과 환경의 여러 주제를 10가지 키워드로 정리합니다. 관련 개념과 이론, 학계와 산업계의 쟁점, 우리 일상의 변화를 다룹니다. 인간과 기술의 현재, 미래를 세심히 분석합니다.

일러두기

- 인명, 작품명, 저서명, 개념어 등은 한글과 함께 괄호 안에 해당 국가의 원어를 병기했습니다.
- 외래어 표기는 현행 어문규정의 외래어표기법을 따랐습니다.

AI와 기술 영상

이호은

대한민국, 서울, 커뮤니케이션북스, 2024

AI와 기술 영상

지은이 이호은
펴낸이 박영률

초판 1쇄 펴낸날 2024년 12월 31일

커뮤니케이션북스(주)
출판 등록 2007년 8월 17일 제313-2007-000166호
02880 서울시 성북구 성북로 5-11
전화(02) 7474 001, 팩스(02) 736 5047
commbooks@commbooks.com
www.commbooks.com

ISBN 979-11-7307-296-3 03500

책값은 뒤표지에 표시되어 있습니다.

차례

창의성을 자극하는 조화로운 협력자 AI!

AI는 과연 도구인가

이 책은 2020년대 중반 인류에게 중요한 화두가 된 AI에 대한 내용이다. 특히 AI 기술이 영상 콘텐츠 제작에서 새롭게 보여 주는 흥미로운 변화에 대한 소개 혹은 가이드북이다. 인류 역사에서 인간은 정해진 시간과 공간 속에서 삶의 흔적을 표현하고 그 모습을 전달하고 싶어 했다. 쉬지 않고 소통하고 표현하고자 했다.

발터 벤야민은 인류가 카메라를 발명하고 사진을 통해 세상을 담아내고 복제했을 때, 손으로 그리던 그림을 기계로 그려 내는 것에 의미를 두었다. 그는 이러한 상황을 기술복제라고 했다. 그리고 이전의 다소 억압적이고 권위적인 회화 시대를 넘어서 민주적인 수용자의 세상을 '아우라의 몰락'이라고 했다. 특히 생산자보다는 수용자의 입장에서 새로운 예술 수용에 대해 매우 긍정적으로 보았다.

인류는 시간과 공간이라는, 인간이라는 개체로서 극복할 수 없는 운명적인 한계적 상황에 절망하지 않고 시간을 압축하는 방법으로 시공간을 확장하고 있다. 그것의 또 다른 모습이 AI라는 도구다. 자료를 찾거나 중복된 작업으로 소비하는 시간을 효율적으로 관리하고 인간의 독특한 창의성, 즉 '질문을 하는 자'로 남겠다는 의지의 결과물이 AI다. 그야말로 똑똑한 도구를 만들어 낸 것이다.

발터 벤야민이 카메라가 세상을 순간적으로 혹은 자동적으로 담아내는 광경을 보고 인류의 혁명적 진보를 논의했던 시절과 지금의 AI를 만난 우리의 모습이 닮았다. 벤야민과 다른 입장에서 인간이 기계로 세상을 그려내고 복제하는 것을 부정적으로 본 사람은 아도르노다. '문화산업론'을 주장하며 예술의 대중화를 비판하며 문화 종말론을 주장했다. 최근에 AI의 기능에 대해 이러한 흥분과 우려가 엇갈리는 주장을 볼 수 있다. AI의 능력이 생각보다 뛰어나거나 두려운 것일까!

기술 영상의 시대

AI를 기반으로 전개되는 영상의 변화는 발터 벤야민이 미디어철학에 적용했던 복제시대의 영상과 다르다. 원본이 존재하던 카메라 중심의 영상과 상당히 다른 모습이다. 기술 영상은 카메라의 존재를 회피하고 있다. 이는 영상이 빛을 통한 자연에 기대던 시절의 영상과 다르다. 이제 영상은 기술에 의해 현실을 만들어 내고 있는 것이다. 바로 기술 영상의 시대다. 카메라의 존재를 점점 위태롭게 한다. 이는 빌렘 플루서가 주장하던 기술 형상의 개념보다 진보적이다. 무엇보다도 카메라와 다른 능력은 추론과 자동화 기능인 것 같다. 하지만 인간의 능력을 뛰어넘는 부분도 있지만 아직은 인간의 질문에 잘 답하는 존재다. 영상 제작 영역에서 말하자면, 무엇보다도 AI의 알고리즘은 영상을 제작할 때 유용한 점이 많다.

영상의 시대라고 할 정도로 영상은 인류의 중요한 언어가 되었다. 인류의 문화가 된 영상 분야에서 AI의 등장과 활용은 다소 혁명적이기까지 하다. AI를 기반으로 한 영상 제작에서 특히 편집 등 후반 작업에서는 엄청난 위력을 보이고 있는데, 다른 산업 분야에도 적용되는 융합적인 모습도 보이고 있다.

이 책은 AI의 기술을 활용한 새로운 기술 영상의 변화를 살펴보았다. 영상 편집의 자동화, 개체 인식과 추적, 색상 보정, 배경 제거, 사운드 작업, 모션 그래픽, 자동 자막, 클라우드 편집까지 AI를 통해 가능해지거나 편리해진 영상 제작에 대해 소개했다. 이들 10개 장에서 소개하는 기술은 이전에 인간이 다소 어렵게 작업하거나 불가능했던 작업들이다. 시간이 많이 필요하거나 비용이 많이 드는 작업들이다. 그런데 AI 기술은 이런 작업을 순식간에 해내는 것이다. 우리가 명령하거나 질문하면 패턴을 분석해서 스스로 선택하기도 한다.

서문에서는 이 책을 집필하면서 공통적으로 자주 등장하는 개념 혹은 중요하다고 생각하는 기술과 주제어를 중심으로 정리했다.

자동화

첫 장은 이 책의 전체적인 테마를 관통하는 '자동화된 영상 편집'이라는 주제로 출발한다. AI에 너무 기대를 걸었던 연구자는 창의적인 도구라고 보기에는 부족하다는 뜻으로 자동화라는 표현을 쓰는 것을 목격했지만, 영상 제작에서 자동화는 매우 흥미로운 발전으로 볼 수 있다. 영상의 패턴을 스스로 인식하고 편집 작업을 수행한다는 것은 AI가 분석한다는 것인데, 즉 학습 능력을 갖고 있다는 것으로 볼 수 있는 것이다. 사실 예측하고 추론하기까지 한다.

이 장에서 독자는 AI를 기반으로 한 영상 편집에서 자동화된 알고리즘이 영상을 분석하고, 스스로 결정하고 편집을 수행한다는 큰 과정을 이해할 수 있는데, 핵심은 자동화다. AI 기반의 영상 제작이 자동화라는 것에 실망했다면 그야말로 AI의 영상 콘텐츠 제작 능력을 과대평가하거나 혹은 두려워하는 것이 아닐까 하는 생각을 하게 된다. 자동화는 AI 영상 제작의 주요 키워드이자 아마도 AI를 바라보고 있는 다른 분야에서도 핵심 개념일 것으로 보인다.

시간 절약

자동화의 장점은 시간 절약이다. AI를 활용한 영상 콘텐츠 제작의 가장 큰 이익이다. 예전에 손으로 오랫동안 단순 작업을 했던 시간이 무색하게 순식간에 영상이 만들어지기도 한다. 속도의 사상가라고 하는 폴 비릴리오는 인류가 너무나 빠른 것을 추구하다 보니 공간을 상실하게 되었다고 했는데, 그 말은 결과만을 중요하게 생각해서 과정이 생략된 세상을 비판한 것이다. 아마도 AI를 기반으로 한 영상 편집이 너무나 빠르게 이루어지는 것을 보면 이제 과정에는 인간이 참여할 공간이 또는 시간이 부재한 것 같다. 하지만 예전에 배경과 인물을 분리하려고 포토샵으로 오랫동안 작업을 했던 디자이너들과 스튜디오에서 블루 스크린을 배경으로 인물과 배경을 분리, 합성했던 방송 제작자들이 억울해할 정도로 그런 작업은 AI에게는 아주 쉬운 일이다. 이전의 수작업이 이제라도 자동화되어 시간을 절약하게 된 것은 어쩌면 위로 받을 일이다.

결국 인간은 AI의 자동화 기능을 통해 인생에서 지루하거나 다소 의미 없는 시간을 줄이고 주어진 시간을 확대하고 있다.

얼굴 인식

2장에서는 얼굴 인식이라는 AI기술을 소개한다. 얼굴 인식은 예전에는 영화에서 범인을 식별하는 장면 등에서 볼 수 있었고 최근에는 가정의 출입 시스템에서도 활용되고 있다. 사람의 얼굴의 특징을 분류하고 인식하는 기술이 고도화한 것인데, 영상과 AI의 만남이 제대로 활용되는 분야다.

보안이나 출입 통제 외에 광고나 마케팅에서 소비자의 반응을 측정하는 데도 사용하기도 한다. 머신러닝과 딥러닝 시스템의 알고리즘을 사용하는데 최근의 정확도가 상당히 높아진 것으로 알려지고 있다. 영상과 AI 기술이 접목해 인류에게 도움이 되는 결과의 하나로 볼 수 있다. 하지만 미셸 푸코(Michel Foucault)가 개인의 사생활을 감시하는 대상으로 비유한 판옵티콘의 현대판 형태로 작용할 수도 있다는 생각이 든다.

일관성

일관성은 AI 영상 제작의 여러 측면에서 중요한 특징으로 등장한다. 이전에 수작업을 하거나 많은 콘텐츠를 작업할 때 콘텐츠의 결과물이 동일하지 못해 발생하는 오류를 AI 작업에서는 해소가 되는 것을 말한다. 대표적으로 영상 스타일의 일관성을 들 수 있는데, 특정 비주얼 스타일이나 테마를 변형 없이 지속적으로 사용할 수 있는 장점이 있다.

스타일의 일관성뿐 아니라 AI를 통한 스토리 구성의 일관성을 통해 내러티브를 유지할 수 있다. 캐릭터의 행동, 전개, 대화 등의 일관성도 해당할 수 있다. AI 기반 콘텐츠 제작의 중요한 이점으로 볼 수 있다. 인간 작업의 한계 등을 극복할 수 있는 대목이다. AI를 활용한 영상 콘텐츠 작업의 특징이자 이점이라고 할 수 있다. 영상의 품질을 높이고 관객의 경험을 향상시키며, 메시지의 일관성으로 신뢰성을 높이는 결과를 도출할 수 있는데, 이런 작업이야말로 AI를 활용하는 작업의 바람직한 결과로 볼 수 있다.

배경 제거

AI 영상 제작에서 배경 제거(Background Removal)는 단순하지만 중요한 함의를 찾을 수 있다. 전통적인 방법과 비교해 차별화된 특징을 갖고 있다. 이전에는 포토샵과 같은 소프트웨어를 사용해서 직접 수작업으로 배경을 지우는 방식이 일반적이었다. 무엇보다도 이 과정은 시간이 많이 소요되고 세밀한 작업이었다. 마스크를 만들어 배경을 지우는 방식이 사용되었으며, 이는 제작자의 기술 수준에 따라 결과물이 달라질 수 있었다. 특히 배경이 복잡하거나 인물의 윤곽이 뚜렷하지 않을 경우, 수작업으로는 정확한 배경 제거가 어려웠다.

AI 기술을 활용하면 자동으로 배경을 인식하고 제거한다. 그러면 제작자가 세밀한 작업을 하지 않아도 되어 시간과 노력을 절약할 수 있다. AI 기술은 실시간으로 배경을 제거할 수 있어, 라이브 스트리밍이나 비디오 제작 시 즉각적인 효과를 제공할 수 있다. 인식 기술을 통한 정확성과 비전문가도 작업할 수 있는 사용의 용이성, 비용의 효율성으로 이전의 문제를 해결할 수 있는 사례로 볼 수 있다. 영상 편집 기술의 발전은 접근성을 높이고 창의적인 작업에 몰두하도록 도울 수 있다.

접근성

접근성은 AI 영상 제작에서 중요한 특징이다. 사용자들이 영상 제작을 쉽게 할 수 있도록 돕고 있다. 사용자 친화적인 인터페이스를 갖추어 비전문가도 쉽게 사용할 수 있도록 직관적인 사용자 인터페이스(UI)를 제공한다. 기술적 지식 없이도 간단한 클릭만으로 영상을 편집할 수 있다. 다양한 템플릿과 프리셋을 제공해 사용자가 원하는 스타일의 영상을 쉽게 만들 수 있도록 돕는다. 이는 시간 절약과 함께 창의적인 아이디어를 쉽게 구현할 수 있게 한다. 벤야민의 '아우라의 몰락'이나 매클루언의 미디어의 확장 등을 떠올리게 하는 대목이다. 왠지 민주화라는 단어가 연결될 것 같다는 생각이 든다.

AI는 자동으로 장면 전환, 색상 보정, 배경 음악 추가 등 편집 작업을 수행할 수 있으며, 이러한 자동화는 사용자가 수동으로 작업할 필요를 줄여 준다. 배경을 자동으로 제거하거나 객체를 인식해 편집할 수 있는 기능을 제공한다. 이는 특히 비디오 제작에서 유용하며, 사용자가 복잡한 편집 작업을 쉽게 수행할 수 있게 한다. 미디어 접근성을 높여 수용자와 제작자의 간극을 줄여 주는 사례다. 사용자 친화적인 인터페이스, 자동화된 기능, 비용 효율성, 다양한 플랫폼 지원 등은 모든 사용자가 쉽게 영상 제작에 참여할 수 있도록 돕고 있다. 이러한 접근성은 창의적인 콘텐츠 제작을 촉진하고, 활용 가능성을 높이고 있다.

실시간 처리

AI 영상 제작에서 실시간 처리는 주요 특징이며 장3이다. 실시간 처리는 즉각적인 피드백을 가능하게 한다. 실시간 편집으로 사용자는 영상을 촬영하거나 송출하는 동안 즉시 편집할 수 있다. 라이브 방송 중에 실시간으로 자막을 추가하거나 장면을 전환할 수 있다. 실시간 처리를 통해 사용자는 편집 결과를 즉시 확인하고 즉각적으로 수정할 수 있다. AI는 실시간으로 영상에 다양한 효과를 적용할 수 있다. 또한 AI는 실시간으로 음성을 인식하고 자막을 생성할 수 있어, 방송 중에 즉시 자막을 제공하는 데 유용하다.

실시간 처리는 고품질의 라이브 스트리밍을 가능하게 한다. AI는 영상의 품질을 자동으로 조정하고, 네트워크 상태에 따라 최적의 상태를 유지한다. 실시간 처리 덕분에 시청자와 상호작용이 가능해진다. 실시간 채팅, 투표, 질의 응답 등 시청자와 소통을 강화할 수 있다. 실시간 처리는 후처리 과정을 줄여 주어 전체적인 영상 제작

시간을 단축시키고 특히 빠른 결과물이 필요한 프로젝트에서 큰 장점이 된다. AI 영상 제작에서 실시간 처리는 사용자에게 즉각적인 피드백과 편리함을 제공하며, 다양한 분야에서 활용 가능성을 높인다. 이는 특히 라이브 방송, 게임 스트리밍, 교육 등에서 중요한 역할을 하며, 효율적인 워크플로와 고품질 결과물을 가능하게 한다.

정확성

AI 영상 제작에서 "정확성"이라는 특징은 여러 측면에서 중요한 의미를 가진다. 정확성은 AI 모델이 입력된 데이터에 대해 얼마나 올바르게 반응하고 원하는 결과를 생성하는지를 나타내는 지표다. AI 모델이 예측한 결과가 실제 얼마나 일치하는지를 나타내는 비율이다. 영상 제작에서는 특정 객체 인식, 장면 분할, 또는 영상 생성 과정에서의 정확성을 의미한다.

정확성이 높은 AI 모델은 사용자에게 신뢰를 제공한다. 정확성을 높이기 위해서는 고품질의 데이터가 필수적이다. 데이터의 정확성과 다양성이 모델의 학습에 직접적인 영향을 미치므로, 데이터 수집 및 전처리 과정에서 신중해야 한다. 정확성이 낮다면, 이는 모델의 구조나 학습 방법을 개선할 필요가 있음을 시사한다. 예를 들어 더 많은 데이터를 수집하거나, 하이퍼파라미터 튜닝, 또는 다른 알고리즘을 시도할 수 있다. AI 영상 제작에서 정확성은 단순히 기술적 성과를 넘어서 결과물의 신뢰성과 품질을 보장하는 중요한 요소다. 따라서 정확성을 지속적으로 모니터링하고 개선하는 것은 성공적인 AI 영상 제작의 핵심이다. 이는 고객의 기대를 충족하고 브랜드의 가치를 높이는 데 기여하는 것으로 보인다.

협업

마지막 장에서 다룬 클라우드 기반 영상 편집에서 AI와의 협업은 최근 영상 제작의 효율성과 창의성을 크게 향상시키고 있다. AI는 편집 과정에서 다양한 방식으로 기여하는데, AI는 사용자가 제공한 영상 자료를 분석하고 자동으로 편집할 수 있어 시간 소모를 줄이고 사용자가 더 창의적인 작업에 집중할 수 있도록 도와준다. 또한 클라우드 플랫폼은 AI를 활용해 사용자의 이전 작업과 선호도를 기반으로 적절한 효과나 음악을 추천하며, 이는 개인화된 편집 경험을 제공한다. AI는 영상의 내용을 분석해 특정 장면이나 인물, 사물 등을 인식하고 이를 기반으로 편집할 수 있어 특히 큰 데이터 세트를 다룰 때 유용하다.

AI와의 협업은 의미 있고 중요한 몇 가지 의의와 함의를 지니고 있다. 우선, 효율성 향상이다. AI와의 협업은 영상 편집 시간을 단축시키고 반복적인 작업을 줄여 주어 제한된 시간 내에 콘텐츠를 제작해야 하는 환경에서 큰 장점이 된다. 다음으로, 창의성의 확장이다. AI는 편집자의 창의성을 보완하는 도구로 작용해 반복적인 작업에서 벗어나 더욱 창의적인 아이디어를 구상할 수 있도록 도와준다. 그리고 접근성이다. 클라우드 기반 플랫폼은 누구나 쉽게 접근할 수 있도록 해서, 전문적인 기술이 없는 사용자도 AI의 도움을 받아 고품질 영상을 제작할 수 있게 한다. 마지막으로는 데이터 활용이다. AI는 대량의 데이터를 처리하고 분석할 수 있어 사용자 행동 분석을 통해 더 나은 서비스 및 개인화된 경험을 제공할 수 있다.

결국, 클라우드 기반 영상 편집에서 AI와의 협업은 제작 과정을 혁신하며, 영상 콘텐츠의 질과 효율성을 높이는 데 기여한다. 이는 향후 영상 제작의 방향성을 제시하는 중요한 요소가 될 것이다.

공생 그리고 조화

AI와 영상에 관련된 책을 준비하면서 AI의 능력이 다소 놀랍다는 생각을 하면서, 인간이 AI의 존재를 대하는 태도는 매우 다양하다는 것을 확인하게 되었다. 이들의 태도는 여러 형태인데 확인하려는 유형과 무시하려는 유형이 대부분이었다. 무엇보다도 자주 듣거나 확인한 평가는 '어찌되었건 AI는 도구'라는 것이다.

하지만 이 책을 준비하면서 깨달은 것은, AI는 이제 인간과 공생해야 하는 존재일 수 있다는 생각이었다. 질베르 시몽동은 사물의 개체화 이론을 통해 포스트휴먼사회를 예견했는데 그것은 기술적 대상들의 존재를 너그럽게 인정하고 사물의 개체, 기술적 대상을 하나의 조력자이자 협력자로 인정하고 공생하는 사고의 전환이 필요하다는 것이었다. 더 나아가 AI와 조화를 이루어 사는 세상이 될 것이라는 깨달음이 들었다.

01
AI 자동 편집

AI 기반 영상 편집의 특징은 무엇보다도 자동화다. 딥러닝과 머신러닝을 기반으로 하는 작동 원리를 바탕으로 이제 대사, 음향, 자막 등을 인식하고 이해하는 수준이다. 특히 예측하고 실행하는 AI의 알고리즘은 창작의 영역에서도 중요한 가치를 확인하게 된다. AI 자동화 편집은 단순한 기술이 아니라 사회적, 윤리적, 철학적 맥락에서 인류가 영상의 표현이나 전달 과정의 창의성을 확대하는 데서 조화로운 미래를 함께하는 동반자다.

AI 자동 편집

영상 편집은 영화, 방송, 광고 등 현대 미디어 산업에서 필수적인 과정이다. 다양한 장면, 대사, 음향 요소를 적절히 배치하고 조합해 의미 있는 시청각 경험을 창출한다. 최근까지 수작업 방식은 많은 시간과 노력이 소요돼 제작 효율성을 떨어뜨린 요인이었다. 최근 AI 기술이 발전하면서 영상 편집 과정을 자동화할 수 있게 되었다. AI 기반 자동화 영상 편집은 인공지능 모델이 영상의 내용과 구조를 분석 및 이해해 자동으로 편집 작업을 수행하는 기술이다. 이를 통해 제작 비용과 시간을 절감할 수 있을 뿐만 아니라 창의성과 표현력을 높일 수 있는 기회도 열린다.

작동 원리

AI 기반 자동화 영상 편집은 딥러닝과 머신러닝 알고리즘을 기본으로 작동한다. 대표적인 AI 모델로는 CNN(합성곱 신경망)과 RNN(순환 신경망)이 있다. CNN은 영상의 시각적 요소를 인식하는 데 활용되고, RNN은 대사와 음성을 처리하기에 적합하다. 이러한 AI 모델은 영상의 개별 프레임을 분석해 장면, 대사, 음향, 자막 등의 요소를 인식하고 이해한다. 이후 사전에 정의된 편집 규칙과 기준에 따라 자동으로 편집 작업을 수행한다. 이 과정에서 장면 전환의 자연스러움을 위해 인접한 장면 간의 연관성과 흐름을 파악하고, 적절한 트랜지션 효과를 적용한다. AI 모델은 영화, 드라마, 뮤직비디오 등 다양한 장르와 스타일에 맞는 편집 규칙을 자동으로 적용할 수 있다. 스포츠 경기 영상에서는 하이라이트 장면을 자동으로 인식하고 추출해 하이라이트 영상을 편집할 수 있고, 뮤직비디오에서는 리듬과 비트에 맞춰 장면을 전환하고 특정 효과를 적용할 수 있다.

활용

AI 기반 자동화 영상 편집 기술은 초기의 단순한 템플릿 기반 편집에서 점점 정교해지고 있다. 처음에는 미리 정의된 템플릿에 따라 장면을 배열하고 전환 효과를 적용하는 수준이었다. 그러나 머신러닝과 딥러닝 기술의 발전으로 AI 모델이 스스로 학습하면서 창의적인 편집을 수행할 수 있게 됐다. 이러한 기술 발전은 AI 자동화 영상 편집의 활용 분야를 크게 확대했다.

영화 및 방송 산업의 경우 복잡한 편집 작업을 AI 기술로 자동화해 시간과 비용을 절감할 수 있다. 광고 분야에서는 고객 개개인의 관심사에 맞춘 맞춤형 광고 영상을 제작해 배포함으로써 고객 참여와 전환율을 높인다. 보도 분야에서는 뉴스 영상을 자동으로 편집해 신속하게 보도할 수 있으며, 개별 시청자의 관심사에 맞춘 뉴스 패키지를 제공할 수 있다.

또한 스포츠 분야에서는 자동으로 생성된 경기 하이라이트 영상이나 다양한 각도의 화면을 제공할 수 있다. 무엇보다도 온라인 교육에서 영상을 자동으로 편집하고 자막을 생성해 학습자의 이해도를 높일 수 있다. 학습자의 수준과 관심사에 맞춘 개별화된 교육 영상도 제공할 수 있다.

잠재력

AI 기반 자동화 영상 편집 기술은 창의성과 표현력을 크게 향상시킬 잠재력도 지닌다. 이 기술은 전통적인 편집 방식에서 벗어나 새로운 스토리텔링 기법과 영화 장르를 탄생시킬 수 있다. AI 모델은 편집자의 고정 관념에 구애받지 않고 독창적이고 실험적인 편집 스타일을 구현할 수 있다. 시간과 공간의 개념을 해체하고 비선형적인 내러티브 구조를 창조할 수도 있다. 영상 요소를 새로운 방식으로 결합해 초현실주의나 추상예술 영화 같은 새로운 장르를 만들 수도 있다.

창의력의 재정의

AI 기술과 인간의 창의성 간의 관계는 복잡하다. AI는 인간의 창의력을 보완하고 새로운 표현 방식을 열어 줄 수 있지만, 동시에 인간의 고유한 창작 능력을 대체할 것이라는 우려도 있다. 하지만 AI는 인간의 창의성을 보완하고 새로운 아이디어를 제시함으로써 창의력을 자극할 수 있다. 대량의 데이터를 처리하고 패턴을 인식하는 데도 능숙하기 때문에 인간이 인지하지 못한 새로운 통찰력과 관점을 제공할 수 있다.

AI는 인간의 창작 능력을 완전히 대체하기보다는 보완하는 역할을 한다. AI와 인간의 협업을 통해 새로운 예술 형태가 탄생할 것으로 기대된다. AI는 인간의 창의성을 확장하는 도구로 활용되고, 인간의 고유한 창작 능력은 여전히 중요한 가치를 지닌다.

기술 발전은 지속될 것이고, 머신러닝과 딥러닝 알고리즘이 정교해짐에 따라 AI 모델의 성능도 향상된다. 앞으로 AI 기술을 활용해 개인의 취향과 관심사에 맞춘 맞춤형 영상 콘텐츠 제작이 가능해질 것이며, 시청자의 몰입도와 참여도를 높이는 데 기여할 것이다. AI 자동화 영상 편집 기술은 영화, 방송, 광고, 교육 등 다양한 분야에서 혁신을 일으킬 것이다.

기술 발전의 방향성

AI 기반 자동화 영상 편집 기술은 지속적으로 발전할 것으로 전망된다. 머신러닝과 딥러닝 알고리즘이 더욱 정교해짐에 따라 AI 모델의 성능이 향상되어 더욱 자연스럽고 창의적인 편집 결과물을 얻을 수 있게 될 것이다. 또한 AI 기술을 활용해 개인 또는 특정 대상군의 취향과 관심사에 맞춘 맞춤형 영상 콘텐츠 제작이 가능해질 것으로 기대된다. 이를 통해 시청자의 몰입도와 참여도가 높아질 것으로 예상된다.

AI 자동화 영상 편집 기술은 영화와 방송 산업을 넘어 광고, 교육, 엔터테인먼트, 헬스케어 등 다양한 분야에서 활용될 것이다. 이에 따라 기존 산업에 혁신적인 변화가 일어날 것이며, 새로운 비즈니스 모델과 서비스가 등장할 것으로 전망된다. 이러한 변화에 대비해 각 산업 분야에서는 AI 기술 도입을 위한 준비와 인프라 구축이 필요할 수도 있다.

그러나 AI 기술의 발전에 따른 윤리적, 사회적 영향에 대한 고려도 필요하다. AI 편집 기술이 개인정보 침해나 잘못된 정보 전파, 편향성 문제 등에 악용될 가능성이 있기 때문이다. 또한 AI 기술과 인간의 역할 간 균형을 이루는 것도 중요하다. AI는 인간의 창의성을 보완하고 확장하는 도구로 활용되어야 하며, 인간 고유의 역할과 가치 또한 중요하게 여겨져야 한다. 이러한 기술 발전에 따른 윤리적, 사회적 영향을 고려하고, AI와 인간의 역할 간 균형을 이루는 것이 필요하다.

기술결정론과 비판적 테크놀로지

기술결정론의 관점에서 보면 AI 자동화 편집은 콘텐츠 제작 및 소비 방식에 변화를 일으키며, 이는 정보의 접근성과 전달 방식에 큰 영향을 미친다. AI가 편집 과정을 자동화함으로써 특정 유형의 콘텐츠가 우선시될 수 있으며, 이는 사회적 담론이나 문화적 가치에 영향을 미칠 수 있다. 이러한 변화는 사용자 경험과 사회적 상호작용을 재구성하며, 기술이 단순한 도구가 아닌 사회적 힘으로 작용할 수 있음을 시사한다.

비판적 테크놀로지의 관점은 기술이 사회적 불평등을 심화시킬 수 있음을 경고한다. AI 자동화 편집이 특정 집단이나 이익에 유리하게 작용할 경우, 다른 집단은 소외되거나 정보의 다양성이 감소할 수 있다. 또한 알고리즘의 편향성과 투명성 부족은 공정성을 해칠 수 있으며, 이에 대한 규제와 책임이 필요하다는 주장이 제기된다. 이와 같은 시각은 AI 기술이 사회적 책임을 갖고 설계되고 운영되어야 한다는 점을 강조한다. 이는 AI 자동화 편집이 단순한 기술적 변화가 아니라 사회적, 윤리적, 철학적 맥락에서도 깊은 영향을 미친다는 점을 시사한다.

참고문헌

김덕진(2023). 『AI 2024』, 스마트북스.

김선희 외(2024). 『인공지능시대의 철학자들』, 사월의책.

김재희(2024). 『시몽동의 기술철학』, 아카넷.

이광석 외(2016). 『현대 기술·미디어 철학의 갈래들』, 그린비.

이지은(2017). 『도나 해러웨이』, 커뮤니케이션북스.

조지은(2024). 『미래언어가 온다』, 미래의창.

Feenberg, A.(1999). *Questioning Technology*, London: Routledge.

Kaplan, J. 정미진 옮김(2024). 『생성형 AI는 어떤 미래를 만드는가』, 한스미디어.

Latour, B. 홍성욱 옮김(2018). 『인간·사물·동맹』, 이음.

02
AI 얼굴 인식

얼굴 인식 기술은 AI 시대에 영상 기술을 대표하는 컴퓨터 비전 기술을 바탕으로 하는 주요 기술이다. 1960년에 기술의 출발을 보였지만 최근 성장한 AI알고리즘을 통해 데이터 수집, 학습, 추론의 주요 단계를 거치는 단계에서 높은 정확도를 확인할 수 있다. 의료 분야와 범죄 예방 등의 영역에서 인류에게 서비스를 제공하고 있다. 개인의 프라이버시에 대한 이슈와 미셜 푸코의 감시사회를 다시 떠오르게 하는 양면의 문제가 제기되는 기술이다.

AI 얼굴 인식

얼굴 인식(Facial Recognition) 기술은 이미지나 영상 속에서 사람의 얼굴을 자동으로 인식하고 식별하는 컴퓨터 비전 기술을 말한다. 이는 머신러닝과 딥러닝 알고리즘을 사용해 얼굴의 고유한 특징을 추출하고, 데이터베이스에 저장된 정보와 비교해 특정 개인을 식별하는 방식으로 작동한다. 얼굴 인식 기술은 1960년대 초기 연구로부터 시작되었지만, 당시에는 계산 능력의 한계로 실용화되기 어려웠다. 하지만 최근 인공지능 기술의 비약적인 발전, 머신러닝과 딥러닝 알고리즘의 성능 향상으로 정확도와 실시간 처리 능력이 크게 개선되었다. 현재 얼굴 인식 기술은 보안, 마케팅, 엔터테인먼트 등 다양한 분야에서 활발히 활용되고 있다. 하지만 동시에 개인정보 침해와 부당한 감시, 차별 등의 윤리적 문제도 제기되고 있어 기술 발전과 함께 이에 대한 사회적 논의도 필요한 상황이다.

AI 기반 얼굴 인식 기술에서 머신러닝과 딥러닝 기술은 핵심적인 역할을 수행하며, 데이터 수집, 모델 학습, 추론의 세 가지 주요 단계를 거친다.

데이터 수집 단계에서는 얼굴 인식 모델의 성능을 높이기 위해 다양한 환경과 조건에서 촬영된 대량의 얼굴 이미지 데이터를 수집한다. 이때 동일 인물의 얼굴을 다양한 각도와 조명 조건에서 촬영한 이미지를 포함해 모델의 일반화 능력을 높이는 것이 중요하다. 공개된 데이터 세트를 활용하거나 자체적으로 데이터를 수집할 수 있다.

모델 학습 단계에서는 딥러닝 모델, 특히 CNN(Convolutional Neural Network)이 이미지에서 얼굴의 중요한 특징을 자동으로 추출하는 데 활용된다. CNN은 합성곱(convolution)과 풀링(pooling) 연산을 통해 이미지의 저수준 특징(엣지, 텍스처)부터 고수준 특징(얼굴 특정 부분)까지 점진적으로 학습할 수 있다. 그리고 지도 학습 방식으로 손실 함수를 통해 모델의 예측과 실제 레이블 간의 차이를 최소화하는 방향으로 모델을 학습시키며, 데이터 증강(data augmentation) 기법을 적용해 학습 데이터를 늘리고 모델의 일반화 능력을 향상시킨다.

추론 단계에서는 학습된 모델을 사용해 새로운 이미지나 비디오 스트림에서 얼굴을 감지하고 특징 벡터를 추출한다. 그리고 데이터베이스에 저장된 특징 벡터들과 유사도 측정 방법(유클리드 거리, 코사인 유사도 등)을 사용해 거리를 계산하고 일정 기준 이하일 때 동일 인물로 인식한다. 이 과정은 실시간으로 이루어지며 즉각적인 피드백을 제공한다. 이와 같이 AI 기반 얼굴 인식 기술은 데이터 수집, 모델 학습, 추론의 단계를 거치며, 각 단계에서의 세밀한 작업이 전체 시스템의 성능에 큰 영향을 미친다.

정확도

AI 얼굴 인식 기술의 정확도는 딥러닝 알고리즘의 발전 덕분에 상당히 향상되었다. 하지만 여전히 여러 상황에서 정확한 인식을 위해 극복해야 할 기술적 한계가 존재한다. 첫째, 조명 조건의 변화는 인식 성능에 큰 영향을 줄 수 있다. 어두운 곳이나 강한 역광 등의 환경은 얼굴 특징 추출을 방해할 수 있다. 둘째, 저화질 이미지나 영상에서는 인식 정확도가 저하되고, CCTV, 드론 등에서 촬영한 낮은 해상도의 영상에서는 얼굴 특징을 제대로 인식하기 어려운 경우가 많다. 셋째, 딥러닝 모델은 대량의 학습 데이터와 높은 컴퓨팅 파워를 필요로 하며, 이는 주요 기업이 아닌 소규모 기업이나 개인 개발자에게 큰 제약으로 작용할 수 있다.

앞으로는 조명 변화, 가림, 저화질 상황에 강한 알고리즘 개발과 더불어 고성능 하드웨어, 그리고 효율적인 모델 경량화 기술을 통해 이러한 한계를 극복해야 한다.

사용자 친화적인 시스템 구축, 즉 사용자의 피드백을 받은 다음 알고리즘을 개선하는 방식도 중요한 접근 방식이다. 얼굴 인식 기술은 1960년대 초기 연구에서 출발했지만, 초창기에는 계산 능력의 한계로 인해 실용화가 어려웠다. 1990년대에 들어서면서 머신러닝 기술의 발전과 함께 얼굴 인식 알고리즘이 개선되기 시작했으나, 조명 변화나 얼굴 가림 등 다양한 환경에서 정확도가 저하되는 문제는 여전히 해결되지 않았다. 2000년대 중반 이후, 딥러닝 기술의 비약적인 발전으로 얼굴 인식 성능은 비약적으로 향상되었다. CNN 등의 딥러닝 모델을 활용해 이미지에서 얼굴 특징을 자동으로 추출하고 인식하는 것이 가능하게 되었다.

이러한 기술들은 보안 시스템, CCTV 감시, 출입 통제 등에서 본격적으로 활용되기 시작했다. 최근에는 딥러닝 모델의 고도화와 데이터 처리 능력 향상으로 인해 실시간 인식과 다중 인식이 가능해졌다. 소셜 미디어의 자동 태깅, 개인화된 광고 및 콘텐츠 추천 등으로 활용 가능성이 높아지고 응용 분야가 넓어지고 있으며, 얼굴 인식과 AI 기술의 결합이 감정 분석, 행동 패턴 분석 등의 서비스로 연결되고 있다. 헬스케어 분야에서도 환자 인식을 통한 의료 정보의 접근이 가능해졌으며, 알고리즘과 하드웨어의 지속적인 발전 덕분에 더욱 정교하고 높은 성능의 얼굴 인식 시스템이 구축될 것으로 기대된다. 그러나 개인정보 보호와 같은 윤리적 문제에 대한 논의와 법적 규제가 함께 이루어져야 하는 것은 분명한 사실이다.

감시사회와 프라이버시

AI 얼굴 인식 기술의 발전과 더불어 프라이버시 침해와 윤리적 우려에 대한 문제가 제기되고 있다. 개인의 동의 없이 대량의 얼굴 정보가 수집될 가능성이 커지면서 개인정보 침해 우려가 커지고 있다. 특히 공공장소에 설치된 CCTV를 통해 시민들의 얼굴 데이터가 무단으로 수집되고, 이를 활용한 감시 시스템이 구축될 가능성이 증가하고 있다. 이러한 추세는 개인의 행동과 자유에 대한 통제를 강화할 수 있다.

한편 얼굴 인식 기술이 인종, 성별 등에 따라 편향된 결과를 내놓을 경우 특정 집단에 대한 차별로 이어질 수 있다. 일부 연구에서는 유색인종에 대한 인식 정확도가 낮아 사회적 문제를 발생시킬 수 있다고 주장하기도 한다. 따라서 개인정보 보호와 차별 방지를 위한 법적 규제 및 기술 개발 시 윤리 지침 마련이 필요하다. 이러한 조치를 통해 기술의 잠재적 위험을 최소화할 수 있을 것이다.

미셸 푸코는 권력과 감시에 대한 관계를 '판옵티콘'이라는 개념으로 설명하면서, 감시가 개인의 행동을 규제하는 방식에 대해 논의했다. 이전에 비해 얼굴 인식 기술은 이러한 감시 메커니즘을 강화하고, 개인이 항상 감시받고 있음을 느끼게 할 수 있다. 한편, 데이비드 리온(David Lyon)은 현대 사회에서 데이터 수집과 분석이 개인의 프라이버시를 어떻게 위협하는지를 다루며, 얼굴 인식 기술이 대중의 행동을 추적하고 통제하는 도구로 활용될 수 있음을 강조했다. 프랜시스 후쿠야마(Francis Fukuyama) 또한 기술 발전이 민주주의와 개인의 자유에 미치는 영향을 논의하며, 얼굴 인식 기술의 확산이 정부의 감시와 통제를 더욱 강화시켜 개인의 자유를 제한할 잠재력을 지닌다고 주장했다.

기술의 사회적 맥락을 고려해, 기술이 가져올 수 있는 윤리적 및 정치적 문제들을 사전에 인식하고 그에 대한 해결책을 마련하는 것은 매우 중요하다. 이는 진정한 인간 중심의 기술 발전을 이루고, 이를 통해 다양한 사회적 쟁점을 해결하는 데 기여할 수 있는 길이기도 하다.

참고문헌

김덕진(2023). 『AI 2024』, 스마트북스.

김선희 외(2024). 『인공지능시대의 철학자들』, 사월의책.

김재희(2024). 『시몽동의 기술철학』, 아카넷.

이광석 외(2016). 『현대 기술·미디어 철학의 갈래들』, 그린비.

이지은(2017). 『도나 해러웨이』, 커뮤니케이션북스.

조지은(2024). 『미래언어가 온다』, 미래의창.

Feenberg, A.(1999). *Questioning Technology*, London: Routledge.

Kaplan, J. 정미진 옮김(2024). 『생성형 AI는 어떤 미래를 만드는가』, 한스미디어.

Latour, B. 홍성욱 옮김(2018). 『인간·사물·동맹』, 이음.

03
AI 객체 추적

객체 추적 기술은 영상 처리와 컴퓨터 비전 분야의 중요한 기술 요소다. 실시간으로 객체를 인식하고 위치를 추적하는 데 사용된다. 얼굴 인식과 같이 추적할 객체를 선택하고 인식해 추적하는데, 자율주행, 보안 시스템, 영상 분석 등 다양한 분야에서 활용되는 AI 기반 영상 기술의 대표적인 사례다. 개인정보와 윤리적 문제 등 균형 있게 풀어 갈 사회적 논의도 진행되고 있는 현대 AI 영상 기술의 핵심적 현상이다.

AI객체 추적

AI 기반 객체 추적 기술은 영상 처리와 컴퓨터 비전 분야의 중요한 요소로, 실시간으로 동영상에서 특정 객체를 감지하고 그 위치를 추적하는 데 사용된다. 이 기술은 자율주행차, 드론, 보안 시스템, 스포츠 분석 등 다양한 응용 분야에 활용될 수 있다.

객체 추적의 기본 과정은 다음과 같다. 먼저 영상에서 추적할 객체를 선택한 후, 해당 객체의 특징을 분석해 초기 위치를 식별한다. 이후 프레임이 진행됨에 따라 객체의 위치를 업데이트하는 방식으로 작동한다. 일반적으로 정적 방법과 동적 방법이 있다.

정적 방법은 객체의 특징을 비교해 동일성을 판단한다. 이 방법은 색상, 모양, 텍스처 등과 같은 시각적 특징을 사용해 객체를 식별한다. 반면 동적 방법은 시간에 따른 객체의 위치를 모니터링해 특정 모델을 기반으로 추적한다. 이러한 모델에는 칼만 필터, 입자 필터, 옵티컬 플로(Optical Flow) 등이 있다.

딥러닝 기술이 발전하면서 최신 객체 추적 시스템은 CNN을 기반으로 한 방법을 많이 채택하고 있다. 이런 모델들은 객체를 더욱 정확하게 인식하고 추적할 수 있으며, 다양한 환경에서도 뛰어난 성능을 나타낸다. 예로

YOLO(You Only Look Once)는 실시간 객체 검출 및 추적에 효과적이다.

지속적인 AI와 머신러닝 기술의 발전으로, 객체 추적 기술의 정확성과 효율성도 한층 높아질 것으로 기대된다. 이는 산업 혁신과 우리 사회 전반의 안전성 및 효율성 증대에 크게 기여할 것이다. 그러나 복잡한 환경이나 높은 대조, 조명 변화 등으로 인해 객체의 추적이 어려운 한계도 존재한다. 이러한 문제는 딥러닝 기술의 발전과 실시간 처리 능력 향상을 통해 극복할 수 있을 것으로 전망된다.

이 기술은 사회에서의 활용도 매우 다양하다. 보안 분야에서는 CCTV를 통해 사람이나 차량을 추적하는 데 사용되며, 자율주행차 기술에서는 도로 위 다른 차량이나 보행자를 실시간으로 인식해 안전한 주행을 돕는다. 스포츠 분야에서는 선수의 움직임을 분석해 전략을 최적화하는 데 기여한다.

머신러닝과 딥러닝

머신러닝은 데이터에서 패턴을 학습하고 예측을 수행하는 인공지능 기술의 한 분야다. 머신러닝 모델은 대량의 데이터를 입력받아 스스로 특징을 추출하고 학습하는 과정을 거친다. 이를 통해 새로운 데이터에 대한 분류, 예측 등의 작업을 수행할 수 있게 된다. 대표적인 머신러닝 알고리즘으로는 의사 결정 트리, 지원 벡터 머신, 랜덤 포레스트 등이 있다.

딥러닝은 머신러닝의 하위 분야로, 인공신경망을 활용해 대량의 데이터로부터 특징을 스스로 학습하는 기술이다. 딥러닝은 기존 머신러닝 알고리즘보다 복잡한 패턴 인식과 예측을 가능하게 한다. 대표적인 딥러닝 모델로는 합성곱 신경망(CNN), 순환 신경망(RNN), 오토인코더 등이 있다. 이러한 기술들은 비디오 데이터를 분석해 객체를 성공적으로 탐지하고 추적하는 데 중요한 역할을 한다.

가치중립성

균형 있는 기술 발전을 위해서는 이해 당사자들 간의 지속적인 대화와 사회적 합의가 필수적이다. AI 기술의 긍정적 영향을 극대화하고 부정적 영향을 최소화하기 위한 방안을 모색하는 것이 중요하다. 이러한 접근 방식을 통해 우리는 AI 기술이 개인과 사회에 미치는 다양한 영향을 종합적으로 고려하고, 기술과 인간이 상호 보완하며 더 나은 관계를 구축할 수 있을 것이다.

객체 추적 기술과 관련해서 여러 기술철학자들이 다양한 주장을 펼치고 있다. 마이클 샌델과 같은 철학자는 이 기술이 개인의 프라이버시를 침해하고 감시사회로 나아갈 위험이 있다고 경고한다. 그는 기술 발전이 인간의 존엄성과 자율성을 훼손할 수 있다는 우려를 제기하며, 그러한 기술이 인간을 도구화하고 수단화할 수 있다는 점에서 윤리적 성찰이 필요하다고 강조하고 있다.

반면 트랜스휴머니즘 철학자들은 객체 추적 기술을 포함한 AI 기술의 발전이 인간 능력을 확장시킬 것이라고 본다. 레이 커즈와일 등은 기술 특이점(Technological Singularity)을 예견하며, 인간과 기계의 융합을 통해 초인간적 능력을 갖출 것이라고 주장한다. 이들은 기술 발전이 인간 해방과 진화의 계기가 될 것이라 믿고 있다.

또한 기술철학자들은 기술의 가치중립성에 의문을 제기한다. 랑가나탄은 기술에 특정한 가치관과 이데올로기가 내재해 있다고 보고 있다. 객체 추적 기술도 마찬가지로 개발자와 설계자의 가치관이 반영되므로, 이에 대한 비판적 성찰이 필요하다고 주장한다. 기술의 부작용과 편향성 문제를 해결하기 위해서는 기술 자체뿐만 아니라 그 배경에 깔린 가치관에 대해서도 깊이 검토해야 할 것이다. 이처럼 다양한 철학적 논의가 이어지며, 객체 추적 기술의 긍정적 영향과 부정적 영향을 균형 있게 바라보는 것이 중요해졌다.

공존

기술의 발전은 아바타나 가상현실 기술을 통해 물리적 공간의 제약 없이 다양한 상호작용을 가능케 하고 있다. 이는 교육, 의료, 엔터테인먼트 등 여러 분야에서 혁신적인 서비스를 창출할 가능성을 열어 준다. 그러나 궁극적으로 인간과 기계가 원활하게 공존하고 협력하기 위해선 상호 신뢰가 필수적이다. 기술의 투명성과 설명 가능성이 보장되어야 하며, 사용자가 기계의 작동 방식을 이해하고 이를 통제할 수 있어야 한다. 또한 기술에 대한 교육과 사회적 공감대 형성을 통해 기술 수용성을 높여야 할 것이다. 이러한 노력을 기울여야 비로소 인간과 기계가 상호 보완하며 더 나은 관계를 구축해 나갈 수 있을 것이다.

객체 추적 기술은 CNN, RNN 등의 딥러닝 알고리즘을 활용해 비디오 데이터에서 객체를 실시간으로 감지하고 추적하는 중요한 역할을 하고 있다. 이 기술은 정확성, 실시간 처리 능력 및 다양한 환경 적응력 등의 장점을 통해 보안, 자율주행, 로봇 공학 등 다양한 산업 분야에서 활용되고 있으며, 실제로 많은 변화와 혁신을 이끌어 내고 있다.

그러나 이러한 기술적 발전은 효율성과 생산성 향상에 기여하는 한편으로 프라이버시 침해, 알고리즘 편향성 등의 윤리적 문제도 야기한다. 따라서 개인정보 보호법 강화, 기술 윤리 교육, 그리고 기술의 투명성을 높이는 행위가 필요할 것이다.

AI와 딥러닝 기술이 지속적으로 발전하면서 객체 추적 기술의 정확성과 효율성도 더욱 높아질 것으로 기대된다. 또한 하드웨어 성능 향상과 알고리즘 최적화를 통해 실시간 처리 능력이 개선되어 자율주행차, 드론, 로봇 등 다양한 분야에서 활용이 더욱 확대될 것이다. 이 모든 발전은 기술 발전을 촉진하는 선순환 구조를 형성할 것이다.

균형 잡힌 기술 발전을 위해서는 이해당사자들 간의 지속적인 대화와 사회적 합의가 필요하다. 기술의 긍정적인 영향력을 극대화하고 부정적인 영향은 최소화하기 위한 다양한 방안이 마련되어야 하며, 동시에 AI 기술이 개인과 사회에 미치는 영향을 종합적으로 검토해야 할 것이다. 이 과정을 통해 기술과 인간이 서로 보완하며 더 나아갈 것이다.

참고문헌

김덕진(2023). 『AI 2024』, 스마트북스.

김선희 외(2024). 『인공지능시대의 철학자들』, 사월의책.

김재희(2024). 『시몽동의 기술철학』, 아카넷.

이광석 외(2016). 『현대 기술·미디어 철학의 갈래들』, 그린비.

이지은(2017). 『도나 해러웨이』, 커뮤니케이션북스.

조지은(2024). 『미래언어가 온다』, 미래의창.

Feenberg, A.(1999). *Questioning Technology*, London: Routledge.

Kaplan, J. 정미진 옮김(2024). 『생성형 AI는 어떤 미래를 만드는가』, 한스미디어.

Latour, B. 홍성욱 옮김(2018). 『인간·사물·동맹』, 이음.

04
AI 색상 보정

색상 보정은 영상 편집 과정에서 품질과 일관성을 확보하는 중요한 과정이며 기술이다. 주로 영상 분야인 영화, 광고 등의 필수적인 기술로서 시각적 품질을 높이는 데 기여한다. 영상의 분위기를 확정하고 정확한 정보를 주는데, AI의 색상 보정 기술은 제작자의 업무를 개선해 더 창의적인 분야의 기획을 가능하게 하는 효율성을 담보한다. 특히 일반인도 색상 보정 작업에 쉽게 참여할 수 있어 원하는 결과물을 내는 민주적인 작업 형태가 가능해진다.

AI 색상 보정

AI 색상 보정 기술은 이미지와 비디오의 색상을 자동으로 조정해 품질을 향상시키는 방법이다. 이 기술은 머신러닝 알고리즘을 기반으로 대량의 이미지를 분석하고 색상 조정의 패턴을 학습한다. 이를 통해 사용자가 수동으로 색상을 조정할 필요 없이, AI가 자동으로 최적의 색상을 적용해 준다.

AI 색상 보정의 장점 중 하나는 정확성이다. 전통적인 색상 보정 과정에서 발생하는 오류를 줄이고, 더 자연스럽고 선명한 색상을 제공할 수 있다. 또한 특정 예술적 스타일이나 분위기를 구현하기 위해 색상을 조정할 수 있는 기능도 갖추고 있어, 영화의 색감이나 사진의 분위기를 쉽게 변경할 수 있다.

이 기술은 비디오 편집 및 스트리밍에서도 실시간으로 색상 보정을 수행할 수 있어, 즉각적인 피드백이 가능하다. 마지막으로 복잡한 색상 보정 과정을 간소화해 전문가가 아닌 일반 사용자도 쉽게 사용할 수 있도록 도와준다. 이러한 이유로 AI 색상 보정 기술은 사진 편집, 영화 제작, 광고 등 다양한 분야에서 활발히 활용되며, 콘텐츠의 시각적 품질을 크게 향상시키는 데 기여하고 있다.

AI와 색상 보정 기술은 현대 기술 발전의 핵심 분야다. AI는 기계가 인간의 지능을 모방하거나 능가할 수 있게 하는 기술로, 다양한 산업에서 널리 활용된다. 색상 보정 기술은 디지털 이미지와 비디오의 색상을 자연스럽고 실제에 가깝게 표현하는 데 쓰인다. 이 두 기술은 디지털 미디어 편집, 컴퓨터 비전, 영상 감시 등 여러 분야에서 필수적이다.

AI와 색상 보정 기술의 중요성이 높아지는 이유는 디지털 정보의 증가와 시각 미디어의 발전 때문이다. 데이터 처리 및 이미지 분석 능력이 향상되면서 이 기술들의 활용 범위가 더욱 확대되고 있다. 또한 사용자 경험을 높이기 위해 실제와 유사한 색상 표현이 절실해졌다. 디지털 이미지에서 색상은 픽셀 단위로 표현된다. 가장 흔하게 사용되는 RGB 색상 모델에서는 픽셀마다 빨강, 녹색, 파랑 성분의 강도 값으로 색상이 정의된다. 이 값들은 0에서 255 사이의 8비트 숫자로 표현되며, 이를 색심도라고 한다. 높은 색심도를 사용하면 더 다양한 색상을 표현할 수 있다. 그러나 이미지 촬영, 디스플레이 보정, 압축 등의 과정에서 원본 색상이 왜곡될 수 있다. 그래서 색상 보정이 필요하다.

색상 보정은 이미지의 색상을 개선하고 원하는 스타

일로 만드는 일련의 과정이다. 일반적인 색상 보정 과정은 다음과 같다. 먼저 이미지의 색상 톤과 노출을 평가한다. 이후 화이트밸런스를 조정해 색상 캐스트를 중립화한다. 레벨과 곡선 조정을 통해 대비와 다이나믹 레인지도 개선한다. 특정 색상의 색조, 채도, 밝기를 선택적으로 조정할 수 있다. 마지막으로 색상 그레이딩 룩업 테이블을 적용해 원하는 스타일의 색상을 얻는다. 이런 단계를 거치면 이미지의 색상을 자연스럽게 개선하고 창의적인 효과를 더할 수 있다. 색상 보정은 사진, 영화, 그래픽 디자인 등 다양한 분야에서 중요한 역할을 한다.

자동 색상 보정 알고리즘은 이미지의 색상 문제를 자동으로 인식하고 보정하는 효율적인 방법을 제공한다. 수동으로 색상을 보정하는 것은 많은 시간과 전문성을 요구하는데, 자동화된 알고리즘은 빠르고 일관된 결과를 제공한다.

가장 기본적인 자동 색상 보정 기법은 화이트밸런스 알고리즘이다. 이 알고리즘은 이미지의 밝은 영역을 분석해 색상 캐스트를 제거하고 중립적인 색조를 만든다. 또한 히스토그램 분석을 통해 노출을 자동으로 조정할 수 있다. 픽셀 값 분포를 평가해 하이라이트와 섀도 영역을 적절히 확장하는 방식이다. 최근에는 머신러닝 기반의 고급 알고리즘이 많이 사용된다. 이들 알고리즘은 많은 이미지 데이터 세트를 학습해 이상적인 색상 특성을 인식하고 모델링한다.

자동화와 효율성

AI 기반 색상 보정 기술에는 여러 장점이 있다. 그중 자동화와 효율성이 가장 큰 이점이다. AI 알고리즘은 이미지의 색상 문제를 자동으로 인식하고 보정할 수 있어 시간과 노력을 상당히 절약할 수 있다. 또한 일관된 결과를 제공하므로 수작업보다 품질이 균일해진다.

AI 기술의 발전으로 새로운 알고리즘이 개발되고 있으며, 이를 통해 보정 성능이 향상되고 있다. 예를 들어 GAN(Generative Adversarial Network) 기반 모델은 원본 이미지의 색상 분포와 유사하지만 개선된 색상을 자연스럽게 생성할 수 있다. 이미지 분할 기술을 활용하면 영역별로 최적의 알고리즘을 적용해 더욱 정교한 색상 보정이 가능하다.

하지만 AI 기반 색상 보정 기술에는 몇 가지 단점도 있다. 먼저 AI 모델의 성능은 학습 데이터의 질과 양에 크게 좌우된다. 제한된 데이터 세트를 사용하면 편향되거나 예외 상황에 취약한 모델이 만들어질 수 있다.

기계적 평가

AI는 인간의 감정을 이해하거나 그들만의 독창적인 비전을 창출하는 데 한계가 있다. 이로 인해 예술적 개성이 약화될 수 있다는 창의성의 한계를 보이기도 한다. 결국 기계적 평가로서 AI는 예술 작품의 가치와 의미를 기계적이고 단순화된 방식으로 평가할 수 있다. 예술이 가진 복잡한 감정적 요소와 맥락을 고려하지 못하는 경향이 있다는 주장이다.

AI와 색상 보정 기술은 기술 철학의 여러 이론과 연결된다. 예를 들어 하이데거의 기술관에 따르면, 기술은 인간을 도구로 변형시킬 수 있는 힘을 가지고 있다. 이러한 관점에서 바라보면, AI가 예술에 미치는 영향은 단순히 도구적인 차원을 넘어 인간의 존재 의의를 변화시킬 수 있다.

기술이 발전할수록 우리는 기술에 더 의존하게 되며, 이 과정에서 우리의 인간성이 어떻게 변화하는지에 대한 질문이 중요하다. 인간의 창의성과 AI의 계산력을 결합해 새로운 형태의 예술을 창출할 수 있는 방안을 탐구해야 한다. 이는 양측의 이점을 극대화할 수 있는 방법이다.

AI와 색상 보정 기술은 사용자에게 여러 사회적 책임

을 부여한다. 기술이 사회에 미치는 영향이 크기 때문에, 기술 개발자와 사용자는 윤리적 책임을 가지고 기술을 활용해야 한다. AI 시스템과 그 결과물을 어떻게 투명하게 관리하고 책임을 져야 할지에 대한 질문은 앞으로의 중요한 논의 사항이다. 기술 발전이 환경과 사회에 미치는 영향을 고려해야 하며, 지속 가능한 방향으로 나아갈 수 있도록 해야 한다. 이런 논의는 AI와 색상 보정 기술이 발전함에 따라 필수적으로 고려해야 할 측면들이다. 기술이 인간의 삶에 긍정적인 영향을 미칠 수 있도록, 지속적인 논의와 발전이 이루어져야 한다.

참고문헌

김덕진(2023). 『AI 2024』, 스마트북스.

김선희 외(2024). 『인공지능시대의 철학자들』, 사월의책.

김재희(2024). 『시몽동의 기술철학』, 아카넷.

이광석 외(2016). 『현대 기술·미디어 철학의 갈래들』, 그린비.

이지은(2017). 『도나 해러웨이』, 커뮤니케이션북스.

조지은(2024). 『미래언어가 온다』, 미래의창.

Feenberg, A.(1999). *Questioning Technology*, London: Routledge.

Kaplan, J. 정미진 옮김(2024). 『생성형 AI는 어떤 미래를 만드는가』, 한스미디어.

Latour, B. 홍성욱 옮김(2018). 『인간·사물·동맹』, 이음.

05
AI 배경 제거

AI 배경 제거 기술은 이미지와 배경을 제거하거나 변경하는 기술이다. 이전까지 배경 제거는 작업자들이 포토샵을 통해 수작업으로 수행해야 해서 시간과 노동력이 필요했던 작업이다. AI 배경 제거 기술은 이를 해소해 창의성의 확장, 효율성, 접근성을 확대시켜 주었다. 하지만 진짜와 가짜, 창의성과 저작권, 현실 인식에 대한 이슈는 여전히 기술의 장점 뒤에 숨어 있다.

AI 배경 제거

AI를 활용한 이미지 처리 기술은 다양한 분야에서 점점 더 중요하게 인식된다. 이 기술은 주로 딥러닝과 컴퓨터 비전 기술을 기반으로 이미지 품질을 높이고 사용자에게 더 많은 창작 도구를 제공한다. 배경 제거 기술은 특히 주목할 만한 기술이다. 이 기술은 AI 알고리즘을 통해 이미지 내의 객체를 인식하고 배경과 분리하는 방식으로 작동한다. 여기서 합성곱 신경망(CNN)이 주로 사용되며, 객체 인식 및 세그멘테이션 기술이 핵심적인 역할을 한다. 결과적으로 촬영 감독은 모델의 사진에서 배경을 쉽게 제거하고 원하는 배경으로 교체할 수 있다. 이를 통해 스튜디오 촬영 없이도 다양한 컨셉의 사진을 제작할 수 있다. 영화나 방송 콘텐츠 제작에서도 매우 유용한데, 실사 촬영된 배우나 오브제를 배경에서 분리해 가상 세트와 합성함으로써 제작 비용을 줄일 수 있다.

배경 제거는 이미지나 비디오에서 주요 객체를 강조하기 위해 배경을 제거하거나 대체하는 과정을 의미한다. 이 기술은 주로 사진 편집, 영상 제작, 온라인 쇼핑, 비디오 회의 등에서 활용된다. 배경 제거를 통해 사용자는 관심 있는 객체에 집중할 수 있으며, 시각적으로 더 깔끔하고 매력적인 결과물을 얻을 수 있다. 제품 사진에서 배경을 제거하면 소비자가 제품에 더 집중할 수 있게 되고, 영상 편집에서는 주인공이나 특정 장면을 강조하는 데 유리하다. 배경 제거는 종종 세그멘테이션 기술과 결합해 정확한 객체 분리를 가능하게 한다. 이러한 과정은 특히 마케팅, 광고, 콘텐츠 제작 등에서 매우 중요한 역할을 한다.

AI는 이미지 분류 기술에서도 중요한 역할을 한다. AI는 이미지를 입력받아 특정 범주로 분류하는 데 활용되며, 이는 자율주행차의 장애물 감지 기술이나 안전 감시 시스템에서 중요하게 사용된다. 또한 객체 탐지 기술은 실시간으로 이미지와 비디오 프레임 내의 특정 객체를 인식하고 위치를 찾아내는 데 활용되며, 여러 산업에서 유용하게 사용되고 있다.

이미지 개선 또한 AI의 큰 장점 중 하나로, 저해상도 이미지를 고해상도로 변환하는 기술은 의료 영상에서 특히 유용하게 활용된다. 이 기술 덕분에 더 선명한 이미지를 제공할 수 있다. 또한 스타일 전이 기술은 기본 이미지를 다양한 스타일로 변환하는 기능을 제공해 개인 사진을 유명 화가의 스타일로 변경하는 등의 새로운 가능성을 열어 준다.

이러한 기술은 예술 창작 분야에서도 점점 더 많이 사

용되고 있다. AI 기반 배경 제거 기술을 통해 예술가들은 다양한 배경과 매체를 자유롭게 조합해 새로운 작품을 만들 수 있게 되었다. 이러한 변화는 비전문가들도 쉽게 창작 활동에 참여하게 함으로써 예술의 대중화에 기여하고 있다.

AI의 이미지 처리 기술은 몇 가지 논란과 과제를 동반한다. AI가 생성한 작품의 진정성과 예술성에 대한 의구심이 생기고 있으며, 인간의 감정이나 통찰력을 담아내기 어렵다는 비판도 존재한다. 따라서 AI와 인간 예술가의 역할 분담에 대한 논의가 필요하다. AI는 인간의 창의성을 보조하는 도구로 활용되어야 하며, 예술적 표현은 여전히 인간의 고유 영역으로 남아 있어야 한다.

이미지 세그멘테이션(Segmentation)

AI 배경 제거 기술에서 세그멘테이션은 이미지나 비디오에서 특정 객체를 분리하는 과정이다. 이 과정은 주로 픽셀 단위에서 이루어지며, 각 픽셀이 어떤 객체에 속하는지를 분류한다. 세그멘테이션은 크게 두 가지 유형으로 나뉘는데, 첫째는 시맨틱 세그멘테이션(Semantic Segmentation)으로, 이미지 내의 각 픽셀을 특정 클래스(예: 사람, 배경 등)로 분류하는 방법이다. 이 방식은 같은 클래스에 속하는 픽셀들이 동일한 레이블을 받는다. 둘째는 인스턴스 세그멘테이션(Instance Segmentation)으로, 서로 다른 인스턴스로 구분되는 객체를 인식하는 방법이다. 이 경우, 같은 클래스의 객체도 개별적으로 구분된다. 예를 들어 이미지에 여러 사람이 있을 때 각 사람을 개별적으로 인식할 수 있다. 세그멘테이션 기술은 영상 편집, 자율주행차, 의료 영상 분석 등 다양한 분야에서 활용된다.

첫째, 영상 편집에서 특정 객체나 인물을 배경에서 분리해 주 피사체를 강조하거나 불필요한 배경을 제거할 수 있다. 둘째, 자율주행차에서는 도로, 보행자, 신호등 등을 정확하게 인식해 안전한 주행 경로를 계획하는 데 기여한다. 셋째, 의료 영상 분석에서는 CT나 MRI 이미지에서 종양이나 장기를 식별해 진단 및 치료 계획을 세우는 데 도움을 준다. 넷째, 로봇 비전에서는 로봇이 주변 환경을 이해하고 적절한 행동을 결정하는 데 필수적인 기술로 쓰인다. 다섯째, 증강현실(AR) 애플리케이션에서는 실제 환경에 가상 객체를 자연스럽게 배치하기 위해 사용된다. 여섯째, 스마트 이미지 검색에서는 사용자가 원하는 특정 객체나 장면을 찾아 주는 기능을 제공한다. 마지막으로 패션 및 소매 분야에서는 고객이 온라인 쇼핑을 할 때 의류 아이템을 배경에서 분리해 명확하게 보여 준다. 세그멘테이션은 다양한 분야에서 중요한 역할을 하며, 기술 발전과 함께 그 활용 가능성은 더욱 확대되고 있다.

AI 배경 제거 기술은 예술가들에게 매우 유용한 도구로 자리 잡고 있다. 예술가들은 다양한 배경과 매체를 자유롭게 조합해 독창적인 혼합 매체 작품 제작에 이 기술을 활용한다. 디지털 아트 분야에서는 배경을 자유자재로 변경하며 다양한 스타일을 실험해 볼 수 있어, 예술적 표현의 영역을 확장시키고 있다. 이러한 다양한 활용 사례는 AI 기반 배경 제거 기술이 사진 및 영상 편집뿐만 아니라 예술 창작 분야에서도 많은 기여를 하고 있음을 보여 준다. 이 기술은 비전문가들에게도 쉽게 접근할 수 있는 도구가 되어 예술의 대중화를 촉진하고 있다.

창의적 자유와 진정성

AI 배경 제거 기술은 이미지나 비디오에서 주제를 분리해 배경을 제거하거나 변경하는 혁신적인 기술로, 여러 의의와 철학적 함의를 지닌다. 첫째, 이 기술은 사용자에게 창의적 자유를 크게 확장해 주며, 예술가와 디자이너가 복잡한 배경을 쉽게 제거하고 새로운 환경을 창출할 수 있게 해 준다. 이는 창작 과정에서 실험과 혁신을 장려하는 데 기여한다. 둘째, 기존 수작업 방식에 비해 시간과 노력을 대폭 절약할 수 있어, 상업적 작업에서 생산성을 크게 높여 준다. 예를 들어 광고업체나 마케팅 전문가들은 더 빠르고 효율적으로 콘텐츠를 제작할 수 있다. 셋째, 기술이 발전하면서 비전문가도 손쉽게 사용할 수 있게 되어, 디자인, 마케팅, 소셜 미디어 등 다양한 분야에서 접근성이 높아진다.

AI 배경 제거 기술의 발전은 여러 가지 중요한 철학적 함의를 지니고 있으며, 이는 현대 사회에서 우리가 이미지와 현실을 인식하는 방식에 깊은 영향을 미친다.

이미지의 진정성에 대한 의문이 제기된다. AI를 사용하면 누구나 쉽게 이미지를 편집하고 조작할 수 있게 된다. 이로 인해 사람들이 소비하는 이미지가 실제로 어떤 맥락에서 생성되었는지, 그리고 그 이미지가 진짜인지 가짜인지에 대한 판단이 어려워질 수 있다. 예를 들어 소셜 미디어에서 자주 사용되는 필터와 효과는 원본 이미지를 왜곡할 수 있으며, 이는 사용자들이 현실을 어떻게 인식하는지를 혼란스럽게 만든다. 이처럼 디지털 콘텐츠의 신뢰성 문제는 정보의 진위를 파악하는 데서 중요한 논의가 필요하다는 것을 시사한다.

또한 AI 생성 콘텐츠의 저작권 문제는 새로운 윤리적 질문을 낳는다. AI가 생성한 이미지나 비디오의 저작권이 누구에게 귀속되는지에 대한 명확한 기준이 부족하다. 기존 저작권법이 인간 창작자에 기반하고 있는 반면, AI가 창조한 작품에 대한 권리는 불분명하다. 이는 창작의 주체와 결과물에 대한 소유권을 어떻게 정의할 것인가에 대한 고민을 요구한다. 예를 들어 AI가 특정 스타일을 학습해 생성한 작품이 원작자의 저작권을 침해하는 것인지는 법적, 윤리적 논의의 중요한 주제가 되고 있다.

현실 인식의 변화도 주목할 만하다. AI 기술의 발전으로 인해 디지털 환경의 표현과 실제 경험 사이의 간극이 점점 커지고 있다. 가상현실과 증강현실의 확산은 사람들이 경험하는 현실의 개념을 재정의하게 만든다. 사람들은 디지털 콘텐츠와 실제 세계를 구분하기 어려워질 수 있으며, 이는 우리의 인식 체계에 큰 영향을 미친다. 따라서 현실과 가상의 경계를 어떻게 설정할 것인지에 대한 깊은 고민이 필요하다. AI 배경 제거 기술은 단순한 이미지 편집 도구를 넘어 우리의 사고방식과 사회적 상호작용에 대한 근본적인 질문을 던진다. 이러한 변화 속에서 새로운 윤리적, 철학적 문제를 탐구하고, 그에 대한 명확한 기준을 마련해야 할 필요성이 커지고 있다.

참고문헌

김덕진(2023). 『AI 2024』, 스마트북스.

김선희 외(2024). 『인공지능시대의 철학자들』, 사월의책.

김재희(2024). 『시몽동의 기술철학』, 아카넷.

이광석 외(2016). 『현대 기술·미디어 철학의 갈래들』, 그린비.

이지은(2017). 『도나 해러웨이』, 커뮤니케이션북스.

조지은(2024). 『미래언어가 온다』, 미래의창.

Feenberg, A.(1999). *Questioning Technology*, London: Routledge.

Kaplan, J. 정미진 옮김(2024). 『생성형 AI는 어떤 미래를 만드는가』, 한스미디어.

Latour, B. 홍성욱 옮김(2018). 『인간·사물·동맹』, 이음.

06

AI 사운드 믹싱

AI 사운드 믹싱은 인공지능 기술을 활용해 오디오 트랙을 조합하고 조정하는 과정이다. 자동으로 음량, 주파수, 효과 등을 최적화해 더욱 균형 잡힌 사운드를 생성할 수 있도록 도와준다. AI 알고리즘은 각 음원의 특성을 분석하고, 믹스를 자동으로 조정해 특정 스타일이나 장르에 맞게 사운드를 변형하는 데 사용된다. 음악 제작, 영화 편집, 팟캐스트 제작 등 다양한 분야에서 활용된다. 창의성, 저작권 등 윤리적 이슈는 해결이 필요한 과제다.

AI 사운드 믹싱

AI 사운드 믹싱 기술은 음악, 영화, 게임 등 다양한 분야에서 창작자의 참여를 증가시키고, 사용자 맞춤형 사운드를 제공해 개인화된 콘텐츠를 제작할 수 있게 한다. AI 기술은 데이터를 기반으로 학습해 여러 장르와 스타일에 최적화된 믹스를 제공한다. 그 결과, 특정 장르에 맞는 믹스를 자동으로 생성하고 조정할 수 있는 능력을 갖추게 되었다. 이를 통해 AI는 음원 제작과 라이브 공연에서 효율적인 오디오 처리를 가능하게 해 창작자들이 보다 창의적인 활동에 집중할 수 있도록 지원하고 있다.

AI 사운드 믹싱은 다양한 음원과 효과를 조합해 최적의 사운드를 만드는 과정이다. 이를 위해 다음과 같은 단계를 확인할 수 있다. 우선 소스 선택 단계에서는 믹싱에 사용할 음원이나 샘플을 선정한다. 이 과정에서 다양한 장르와 스타일의 음원을 고려하고 각각의 음원이 믹스에 어떻게 기여할지를 고민한다. 예를 들어 드럼, 베이스, 보컬 등 각 악기의 역할을 명확히 해 믹스의 방향성을 설정한다.

다음으로 자동 믹싱 도구 사용 단계에서는 AI 기반 믹싱 소프트웨어를 활용한다. iZotope Ozone이나 LANDR와 같은 프로그램이 대표적이며, 이들 소프트웨어는 머신러닝 알고리즘을 통해 사용자에게 최적의 믹스를 제공한다. 자동으로 음량을 조정하고 밸런스를 맞추는 기능 덕분에 더욱 효율적으로 작업할 수 있다.

효과 추가 단계에서는 리버브, 딜레이, 컴프레서와 같은 다양한 효과를 믹스에 적용한다. 각 효과의 세부 파라미터를 조정해 원하는 사운드를 구현했다. 예를 들어 리버브를 사용해 공간감을 부여하고, 딜레이로 타임감을 조절하는 방식으로 믹스를 풍부하게 만든다. 다음으로 모니터링 단계에서는 믹스 결과를 여러 스피커와 헤드폰에서 체크한다. 다양한 환경에서 음질을 들어 보며 필요한 조정을 하는데, 이 과정은 믹스의 일관성을 유지하고 최종 사운드가 다양한 기기에서 잘 들리도록 하기 위해 매우 중요하다.

마지막으로 마스터링 단계에서는 곡을 최종적으로 다듬어 상업적으로 배포할 준비를 한다. 이 단계에서는 전체적인 음량을 조정하고, 곡 간의 일관성을 유지하는 데 집중한다. 마스터링을 통해 최종 믹스의 품질을 높이고, 모든 곡이 조화롭게 연결될 수 있도록 한다. 이러한 과정을 통해 AI를 활용한 효율적이고 전문적인 사운드 믹싱을 진행할 수 있다.

혁신성

AI 사운드 믹싱 기술은 여러 가지 기술적 특징으로 그 혁신성을 자랑하고 있다. 데이터 기반 학습 능력을 통해 AI는 대량의 오디오 데이터를 학습해 다양한 장르와 스타일에 최적화된 믹싱 설정을 자동으로 제공할 수 있다. 이를 통해 특정 장르에 맞는 믹스를 쉽게 생성하고 조정할 수 있다. 이 기술은 자동화된 프로세스를 활용해 레벨 조정, 이퀄라이징, 다이내믹스 조정과 같은 반복적인 작업을 자동으로 처리한다. 시간과 노력을 절약할 수 있으며 전문 엔지니어 없이도 고품질의 믹스를 효율적으로 생성할 수 있다.

AI는 실시간으로 믹스를 분석하고 조정해 사용자에게 즉각적인 피드백을 제공한다. 그 덕분에 사용자는 더 쉽게 원하는 사운드를 구현할 수 있으며, 직관적인 인터페이스 덕분에 비전문가도 쉽게 접근할 수 있다.

AI 사운드 믹싱 기술은 장르 특화된 최적의 믹스를 제공하며, 전문적 지식이 부족한 사용자도 고품질 결과물을 쉽게 만들어 낼 수 있는 특성을 지니고 있다. 이러한 특징들 덕분에 음악, 영화, 게임 등 다양한 분야에서 활용성이 더욱 늘어나고 있다.

AI 기반 사운드 믹싱 도구는 음원 제작 및 라이브 공연에서 높은 활용성을 보인다. 자동화된 믹싱 도구는 다양한 복잡한 음악 장르에 적합한 믹스를 제공하며, 공연 중 실시간으로 오디오를 분석하고 최적화해 청중의 경험을 향상시킨다. 이러한 기술은 특히 라이브 공연의 사운드 엔지니어의 부담을 줄여 주며, 음악가가 더 나은 퍼포먼스를 할 수 있도록 도와준다. AI 믹싱 도구는 작곡가와 프로듀서에게 다양한 스타일과 사운드를 실험할 수 있는 환경을 제공해 창의성을 자극하고 있다. 이러한 접근성의 증가로 더 많은 창작자들이 AI 사운드 믹싱 기술을 활용할 수 있게 되었다.

음악 창작 협업

AI 기술은 음악 창작에서 단순한 도구 이상의 역할을 한다. 작곡가와 아티스트는 AI의 분석 능력을 활용해 새로운 멜로디와 리듬, 화음을 생성하거나 기존 작업을 돕는 인공지능의 도움으로 창작의 영역을 확장할 수 있다. 이를 통해 AI는 창작자들에게 새로운 영감과 아이디어를 제공하며, 사용자 맞춤형 콘텐츠 제작을 가능하게 한다. 이와 같이 AI와 인간 창작자 간의 유기적인 협력은 앞으로 음악 산업에서 새로운 가능성을 열어 줄 것이다.

AI 기술이 가져오는 변화에 대한 관심과 연구는 계속

되어야 하며, AI와의 협업 방식에 대한 윤리적 논의도 필요하다. 이는 기술 발전이 예술 창작에 미치는 영향과 관련된 중요한 질문들에 답하는 데 필수적이다.

접근성

AI 믹싱 도구는 깊은 기술 지식이 없이도 고품질의 믹스를 가능하게 해 더욱 많은 사람들이 음악 제작에 참여할 수 있도록 기술적 장벽을 제거한다. 전문 엔지니어의 필요성을 줄여 음악 제작 비용을 절감할 수 있어 독립 아티스트나 소규모 레이블에 큰 혜택이 된다.

자동화된 작업을 통해 반복적인 작업인 레벨 조정, 이퀄라이징 등을 AI가 실시간으로 처리해 시간과 노력을 줄이고, 실시간 피드백을 제공해 믹스를 실시간으로 분석하고 조정해 사용자가 원하는 사운드를 즉시 구현할 수 있게 돕는다. 개인화된 콘텐츠 제작으로 AI는 사용자 맞춤형 사운드를 제공하고, 다양한 장르의 믹스를 자동으로 생성해 창작자에게 새로운 영감을 받게 한다.

윤리적 문제

AI가 생성한 음악의 저작권 문제, 개인정보 보호, 편향성 등 다양한 윤리적 이슈가 대두되고 있다. AI가 창작 과정에 깊이 개입하면서 발생할 수 있는 법적 및 도덕적 문제에 대한 가이드라인과 원칙 수립이 필요하다.

AI 기술의 발전은 예술의 정의를 재정의할 필요성을 촉발한다. 음악과 같은 예술 분야에서 AI가 기술적으로 발전하면서도 인간의 정서와 창의성이 결합된 조화로운 예술 작품을 만들어 낼 가능성을 탐구해야 한다.

하워드 가드너(Howard Gardner)는 '다중 지능 이론'의 창시자로, 인간이 다양한 종류의 지능을 가지고 있다고 주장한다. 그는 창의적 사고를 이러한 지능이 서로 조화롭게 작용할 때 나타나는 능력으로 보았다.

가드너에 따르면, 창의성은 단순히 새로운 것을 만들어 내는 것이 아니라 기존 아이디어를 조합하거나 다양한 관점에서 문제를 바라보는 능력이다. 작가는 문학적 지능을 사용해 사람의 감정을 표현하고, 과학자는 논리적 지능을 사용해 복잡한 문제를 해결하는 방식을 제시한다. 그는 교육 방식에도 깊은 영향을 미쳤는데 학생들이 자신에게 맞는 지능을 활용해 창의적으로 생각하고 문제를 해결할 수 있도록 돕는 교육이 필요하다는 메시지를 전달한다.

미하이 칙센트미하이(Mihaly Csikszentmihalyi)는 '플로' 이론으로 알려져 있으며, 창의성이 개인의 노력뿐만 아니라 그들이 음악, 예술, 과학 등에서 협력하는 공동체의 맥락에 크게 의존한다고 주장한다.

그는 창의적인 작업이 종종 개인의 독창성보다는 다양한 배경을 가진 사람들이 상호작용하며 발생한다고 보았다. 협업의 과정에서 생겨나는 다양한 아이디어의 융합은 새로운 창의성을 자극하고, 이러한 상호작용이 혁신을 촉진한다는 것이다.

또한, 그는 창의적인 개인과 창의적인 환경의 중요성을 강조하며, 인재가 자율성을 가지고 자신의 아이디어를 탐구할 수 있는 환경이 필요하다고 주장했다. 이러한 환경은 독창적인 아이디어가 나올 가능성을 높인다.

창의성은 복잡하고 다차원적인 개념으로, 개인의 능력과 외부 환경이 상호작용해 발현된다. 하워드 가드너는 다양한 형태의 지능을 통해 창의적 사고가 이루어진다고 설명하고, 미하이 칙센트미하이는 이는 협업을 통해 더욱 뚜렷하게 나타난다고 강조한다. 이러한 관점은 창의성을 이해하는 데 중요한 기초를 제공하며, 창의적인 활동이 개인과 공동체 모두에게 걸쳐 이루어져야 함을 시사한다.

참고문헌

김덕진(2023). 『AI 2024』, 스마트북스.

김선희 외(2024). 『인공지능시대의 철학자들』, 사월의책.

김재희(2024). 『시몽동의 기술철학』, 아카넷.

이광석 외(2016). 『현대 기술·미디어 철학의 갈래들』, 그린비.

이지은(2017). 『도나 해러웨이』, 커뮤니케이션북스.

조지은(2024). 『미래언어가 온다』, 미래의창.

Feenberg, A.(1999). *Questioning Technology*, London: Routledge.

Kaplan, J. 정미진 옮김(2024). 『생성형 AI는 어떤 미래를 만드는가』, 한스미디어.

Latour, B. 홍성욱 옮김(2018). 『인간·사물·동맹』, 이음.

07
AI 모션 그래픽

AI 모션 그래픽은 사람의 손과 창의성이 많이 필요했던 제작 방식을 개선했다. 제작 과정을 훨씬 빠르고 효율적으로 바꾸었고 이미지나 비디오를 분석해서 자동으로 애니메이션 효과를 적용해 특정 스타일로 변환해 준다. 개인의 취향이나 필요에 완벽하게 맞춘 비주얼을 만들어 낼 수 있어서 많은 사람들이 쉽게 고품질 모션 그래픽을 즐길 수 있게 되었다. AI 모션 그래픽은 창의성과 기술의 만남으로 더 많은 가능성을 열어 주는 매력적인 분야다.

AI 모션 그래픽

AI 모션 그래픽은 인공지능을 활용해 만들어진 애니메이션이나 비주얼 콘텐츠를 말한다. 전통적인 방식의 모션 그래픽 제작에는 사람의 손과 창의성이 많이 필요했는데, AI가 들어오면서 제작 과정이 훨씬 빠르고 효율적으로 바뀌었다. AI는 이미지나 비디오를 분석해서 자동으로 애니메이션 효과를 적용하거나 특정 스타일로 변환해 줄 수 있다. 즉 복잡한 작업을 단순하게 만들어 주었다.

AI는 데이터 기반으로 사용자 맞춤형 콘텐츠를 생성할 수 있어서, 개인의 취향이나 필요에 완벽하게 맞춘 비주얼을 만들어 낼 수 있다. 이런 방식 덕분에 더 많은 사람들이 쉽게 고품질 모션 그래픽을 즐길 수 있게 되었다. AI 모션 그래픽은 창의성과 기술의 만남으로 더 많은 가능성을 열어 주는 매력적인 분야라고 할 수 있다.

인터랙티브

AI 모션 그래픽은 사용자와 상호작용을 통해 더욱 몰입감 있는 경험을 제공할 수 있다. 사용자의 입력에 따라 애니메이션이 변화하거나 특정 행동에 반응하는 콘텐츠를 제작함으로써 사용자 맞춤형 인터랙션을 실현할 수 있다. 이는 특히 게임, 교육, 마케팅 분야에서 효과적으로 활용되어 사용자 경험을 한층 향상시킬 수 있다.

AI는 제작 과정에서 실시간으로 피드백을 반영해 수정할 수 있는 능력을 가지고 있다. 제작 중에 발생하는 변경 사항이나 아이디어를 즉시 적용할 수 있어, 최종 결과물의 퀄리티를 높이는 데 큰 도움이 된다. 예를 들어 클라이언트의 요구나 시장 반응에 따라 즉시 수정 작업이 가능하므로, 빠르게 변화하는 환경에 적응할 수 있다.

AI는 이미지를 분석하고 다양한 스타일을 적용하는 데 매우 유용하다. 예를 들어 한 개의 애니메이션을 여러 가지 비주얼 스타일로 변환할 수 있는 기능을 제공해, 제작자는 다양한 옵션을 실험하고 최적의 결과물을 찾을 수 있다. 이로 인해 브랜드의 아이덴티티를 강화하고, 다양한 고객층의 취향을 만족시키는 데 도움이 된다.

AI는 대량의 데이터를 수집하고 분석할 수 있는 능력이 뛰어나기 때문에, 사용자 맞춤형 콘텐츠 제작에 매우 유용하다. 사용자의 행동 패턴, 선호하는 스타일, 과거의 반응 등을 분석해 개인화된 비주얼 콘텐츠를 제공할 수 있다. 예를 들어 특정 소비자의 클릭 패턴을 기반으로 그들이 좋아할 만한 스타일이나 메시지를 자동으로 추천하는 방식으로 사용자 경험을 극대화할 수 있다.

콘텐츠 생성의 효율성

AI 모션 그래픽의 가장 큰 특징 중 하나는 작업의 자동화다. 전통적인 모션 그래픽 제작은 많은 수작업이 필요하지만, AI는 반복적인 작업을 신속하게 처리할 수 있다. 예를 들어 기본적인 애니메이션 효과나 키프레임 설정, 색상 조정 등을 AI가 자동으로 수행함으로써 제작자가 더 창의적인 아이디어나 복잡한 요소에 집중할 수 있도록 해 준다. 이 과정은 전체적인 제작 시간을 단축시키고 인적 오류를 줄이는 데도 도움을 준다.

AI는 대량 콘텐츠를 신속하게 생성할 수 있는 능력이 있다. 여러 비디오나 애니메이션을 동시에 제작할 수 있기 때문에, 대규모 프로젝트나 캠페인에 적합하다. 예를 들어 한 기업이 여러 제품을 동시에 홍보해야 할 때, AI를 활용하면 효율적으로 다양한 콘텐츠를 확보해 브랜드의 일관성을 유지하고 효과적인 마케팅을 실현할 수 있다.

AI의 데이터 처리 능력 덕분에 제작 과정이 매우 빨라진다. 기존 작업 방식에 비해 몇 배 빠른 속도로 결과물을 생산할 수 있어, 긴급한 프로젝트나 빠른 마케팅 캠페인에 적합하다. 예를 들어 짧은 시간 안에 여러 개의 애니메이션을 제작해야 할 때, AI는 효율적으로 작업을 진행해 신속한 대응을 가능하게 한다.

AI 기술을 사용하면 인력 비용을 줄일 수 있으며, 이는 전체 제작 비용 절감으로 이어진다. 전통적인 모션 그래픽 제작은 여러 명의 전문가가 필요했지만, AI를 활용하면 적은 수의 인력으로도 고퀄리티의 콘텐츠를 제작할 수 있다. 이렇게 절감된 비용은 다른 창의적인 프로젝트나 마케팅 전략에 재투자할 수 있게 해 주므로, 기업의 운영 효율성을 높이는 데 기여한다.

몰입감

AI와 모션 그래픽의 결합은 현대 미디어 제작에서 혁신적인 변화를 이룬다. 그 핵심 기술은 머신러닝과 딥러닝이다. 머신러닝은 데이터로부터 패턴을 발견하는 알고리즘을 활용한다. 이를 통해 대량의 데이터를 분석해 디자인 트렌드와 사용자 선호도를 파악한다. 예를 들어 특정 광고 캠페인의 어떤 디자인 요소가 소비자에게 가장 긍정적인 반응을 이끌어 내는지를 분석하고 최적화된 디자인을 제안할 수 있다. 이러한 과정은 광고뿐만 아니라 교육 콘텐츠에서도 복잡한 개념을 쉽게 이해하도록 돕는다.

딥러닝은 인공 신경망을 기반으로 한 머신러닝의 한

분야로, 이미지 인식, 자연어 처리 등 복잡한 작업을 수행할 수 있다. 모션 그래픽 제작에서 딥러닝 기술은 매우 중요하다. 예를 들어 현실감 있는 캐릭터 애니메이션을 만드는 데 사용되며, 이를 통해 생성된 애니메이션은 자연스러운 움직임과 생동감을 부여해 시청자에게 몰입감을 제공한다.

이러한 기술들은 영화, 광고, 교육 등 다양한 분야에서 활용되며, 그 발전과 함께 모션 그래픽의 제작 과정은 자동화되고 최적화되면서 더욱 효율적이 된다. AI는 사용자 피드백을 실시간으로 반영해 고유의 콘텐츠를 개인화할 수 있도록 한다.

AI와 모션 그래픽의 융합은 창의성과 효율성의 시너지를 창출해 현대 미디어 환경을 혁신적으로 변화시킨다. 하지만 데이터 편향성이나 개인정보 보호 같은 윤리적 문제도 고려해야 하므로, 지속적인 사회적 논의가 필요하다. 이러한 기술들이 발전함에 따라 우리는 더 많은 가능성과 뛰어난 창작물을 기대할 수 있게 된다.

독창성 증진

AI의 도입으로 콘텐츠 제작 과정에서 창의성이 강화된다. 반복 작업의 자동화를 통해 AI가 반복적인 작업을 자동으로 처리한다. 기본 애니메이션 효과나 시각적 요소의 조정을 AI가 대신 수행해 주므로 제작자들은 더 창의적이고 독창적인 작업에 집중할 수 있다.

고급 데이터 분석을 통해 AI가 대량의 데이터를 분석해 트렌드와 사용자 선호도를 파악하고, 이를 바탕으로 디자인을 제안한다. 이 데이터 기반 접근은 제작자들이 관객의 관심을 더 잘 반영한 콘텐츠를 만들도록 도와준다. 한편 실시간 피드백 기술은 AI 시스템을 통해 사용자 피드백을 즉시 반영해 디자인을 수정할 수 있다. 이런 방식은 제작자가 더욱 빠르게 실험하고 발전할 수 있도록 해 준다.

콘텐츠의 민주화

AI와 모션 그래픽 기술의 결합은 최근 다양한 분야에서 주목받고 있다. 인공지능 기술은 머신러닝과 딥러닝 알고리즘을 통해 데이터를 분석하고 패턴을 인식하며, 이는 지능적인 의사 결정을 가능하게 한다. 반면 모션 그래픽 기술은 정적인 그래픽 디자인에 애니메이션을 추가해 시각적 매력과 정보 전달력을 극대화한다. 이 두 기술은 각각의 특성을 지니고 있지만, 융합될 경우 시너지 효과를 낼 수 있다.

AI 기술의 활용으로 인해 모션 그래픽 제작 과정의 자동화와 최적화가 이루어져 효율성이 크게 향상되며, 데이터 기반 디자인과 실시간 피드백 등의 기능이 추가된다. 이러한 변화는 콘텐츠 제작자들이 더욱 창의적이고 역동적인 시각적 표현을 할 수 있게 만들어 준다. 예를 들어 AI는 고급 물리 기반 시뮬레이션을 통해 현실감 있는 애니메이션을 구현할 수 있으며, 이는 영화와 게임 분야에서 몰입감을 높이는 데 기여한다. 또한 AI는 대량의 데이터를 분석해 관객의 관심을 반영한 디자인을 제안할 수 있고, 관객의 피드백을 즉각적으로 반영해 맞춤형 콘텐츠를 제공할 수 있다.

이러한 콘텐츠 제작의 참여를 통한 민주화의 흐름은 비전문가들의 다양한 목소리와 아이디어가 콘텐츠에 담길 수 있는 기회를 제공한다. 그러나 이와 같은 발전에는 데이터 편향성, 개인정보 보호, 윤리적 책임 같은 문제도 동반된다. 기술 발전의 과정에서 이러한 문제들을 사전에 인지하고 대응 방안을 마련하는 것이 중요하다.

AI와 모션 그래픽 기술의 융합은 미디어 경험의 혁신 및 창의성 증진에 기여할 것으로 전망된다. 하지만 이러한 기술 발전 역시 지속적인 윤리적 고려와 사회적 논의가 필요할 것이다. 이를 통해 우리는 앞으로의 디지털 환경에서 더욱 나은 경험을 하게 될 수 있을 것이다.

카이라 스케일리는 포스트휴먼 담론을 통해 AI와 모션 그래픽이 인간과 기계의 경계를 허물고, 새로운 존재론과 인식론이 요구된다고 강조하며 인간 경험의 차원을 확장시킬 기술적 가능성을 제시했다. 또한 조지프 나이는 기술이 인간의 창의성과 표현력을 증대시켜 새로운 문화 영역을 열 수 있다고 주장했다. AI는 개인의 상상력을 자극하고, 예술의 경계를 넓히며 혁신적인 비주얼 아트를 제공한다.

참고문헌

김덕진(2023). 『AI 2024』, 스마트북스.

김선희 외(2024). 『인공지능시대의 철학자들』, 사월의책.

김재희(2024). 『시몽동의 기술철학』, 아카넷.

이광석 외(2016). 『현대 기술·미디어 철학의 갈래들』, 그린비.

이지은(2017). 『도나 해러웨이』, 커뮤니케이션북스.

조지은(2024). 『미래언어가 온다』, 미래의창.

Feenberg, A.(1999). *Questioning Technology*, London: Routledge.

Kaplan, J. 정미진 옮김(2024). 『생성형 AI는 어떤 미래를 만드는가』, 한스미디어.

Latour, B. 홍성욱 옮김(2018). 『인간·사물·동맹』, 이음.

08

AI 편집

AI 영상 편집 도구의 발전으로 영상 제작 과정에서 효율성과 창의성이 강조되면서 창작자들은 기존 편집 방식을 넘어 새로운 스타일을 탐구할 수 있는 자유를 가지게 되었다. 하지만 이와 같은 변화가 미치는 사회적 영향과 윤리적 쟁점들—저작권 문제, 데이터 활용의 투명성, AI의 편향성 등—에 대한 논의가 더욱 중요해진다.

AI 편집

AI 편집 기술은 영상 제작을 혁신적으로 변화시키고 있다. 이 기술은 여러 기능을 통해 작업의 효율성을 높인다. AI는 먼저 영상의 분위기와 내용에 맞는 음악 및 사운드 효과를 자동으로 추천해 삽입한다. 이어서 색상과 밝기를 분석해 최적의 색상 보정을 수행하고, 특정 장면에 어울리는 비주얼 효과를 자동으로 적용한다. 또 음성을 인식해 자막을 생성하고, 다국어 번역도 지원한다. 이러한 기술들은 반복적인 작업을 자동화하고 개인화된 편집 옵션을 제공해 편집자들의 창의성과 생산성을 증가시킨다.

AI 편집 기술은 인공지능을 활용해 텍스트, 이미지, 비디오, 음악 등 다양한 콘텐츠를 자동으로 편집하거나 수정하는 혁신적인 기술이다. 이 기술은 자연어 처리(NLP)를 통해 문법 오류를 수정하고 스타일을 개선하며, 이미지의 품질을 향상시키거나 특정 요소를 자동으로 제거 및 추가하는 기능을 제공한다. 비디오 편집에서는 클립을 자동으로 분석하고 하이라이트를 생성해 사용자가 더 쉽게 콘텐츠를 제작할 수 있도록 도와준다. 음악 분야에서는 AI가 자동으로 트랙을 믹싱하거나 특정 감정에 맞는 곡을 추천하는 기능을 통해 창작자의 작업을 지원한다. 이러한 AI 편집 기술은 창작자가 반복적인 작업에서 벗어나 더 창의적이고 의미 있는 작업에 집중할 수 있도록 하며, 결과적으로 시간과 비용을 절약하는 데 큰 도움을 준다.

AI 편집 기술은 영상과 문서 편집 분야에서 혁신을 일으키는 기술이다. 이 기술은 머신러닝과 딥러닝 알고리즘을 활용해 데이터를 분석하고 패턴을 인식하는 방식을 사용한다. 이를 통해 반복적인 작업을 자동화하고 개인화된 편집 제안과 새로운 스타일을 제시한다.

AI 편집의 기본 원리는 머신러닝과 딥러닝 기술이다. 머신러닝은 영상 데이터를 학습해 객체 인식, 장면 분할, 색상 보정 같은 작업을 자동으로 수행한다. 딥러닝은 더 복잡한 패턴을 인식해 중요한 장면이나 요소를 식별하고, 여기에서 유용한 정보를 제공한다. AI 시스템은 장면 인식과 자동 컷 편집을 통해 중요 장면을 자동으로 인식하고 불필요한 부분을 제거한다.

AI 편집 기술은 소셜 미디어와 디지털 마케팅 분야에서 특히 두드러진 활용 사례를 보이고 있다. 기업들은 AI를 통해 방대한 양의 데이터를 분석하고 소비자의 관심사와 행동 패턴을 파악해 맞춤형 콘텐츠를 신속하게 제작함으로써 경쟁력을 강화하고 있다. 이러한 AI 기반 데이터 분석은 소비자에게 더 적합한 메시지를 전달할 수 있도록 해서 마케팅 효과를 극대화하는 데 기여한다.

또한 AI는 소비자의 피드백과 반응을 실시간으로 모니터링해 마케팅 전략을 지속적으로 최적화하는 데 중요한 역할을 한다. 이를 통해 기업은 변화하는 시장 트렌드에 신속하게 대응하고, 고객의 요구를 더욱 효과적으로 충족할 수 있다. 이런 방식으로 AI 편집 기술은 기업의 성장을 촉진하고 브랜드 인지도와 충성도를 높이는 데 큰 도움이 된다.

자연어 처리와 이미지 처리

AI 편집 기술은 현대 콘텐츠 제작에서 매우 중요한 역할을 하고 있다. 우선 이 기술은 대량의 데이터를 신속하게 처리하고 분석해 편집 작업을 자동화함으로써 효율성을 크게 향상시킨다. 이를 통해 시간과 비용을 절감할 수 있으며, 사용자는 더 창의적인 작업에 집중할 수 있다.

또한 AI 알고리즘은 편집 과정에서 발생할 수 있는 오류를 최소화하고 일관된 품질의 결과물을 제공해 정확성을 높이는 데 기여한다. 이러한 정확성은 특히 뉴스, 학술 논문 및 기타 중요한 문서 작업 등에서도 매우 중요하다.

AI는 또한 사용자의 선호와 행동을 분석해 맞춤형 콘텐츠를 제공함으로써 개인화된 경험을 제공하고 이는 사용자가 더 흥미롭게 느끼고 몰입할 수 있도록 도와준다.

AI 편집 기술은 다양한 언어와 포맷을 지원해 더 많은 사람들이 콘텐츠에 접근할 수 있는 기회를 확대한다. 이러한 장점 덕분에 AI 편집 기술은 콘텐츠 제작의 미래를 변화시키고 있다.

AI편집 기술의 자연어 처리와 이미지 처리는 AI 편집 기술에서 필수적인 역할을 한다. 자연어 처리 기술은 텍스트와 음성 데이터를 분석하는 데 활용되고, 이를 통해 자동 자막 생성 기능도 구현된다. 이미지 처리 기술은 영상의 시각적 요소를 분석해 객체 인식, 장면 분할, 색상 보정 등의 작업을 가능하게 한다.

AI 편집 기술은 영상 편집뿐만 아니라 문서 편집과 요약에서도 큰 역할을 한다. 문서 작성 보조 도구는 AI 기반 자동 완성과 문법 교정 기능을 통해 작성 과정을 효율적으로 돕는다. 이와 같은 AI 기술은 반복적인 작업을 자동화해 편집자의 업무 부담을 줄이고, 더 창의적인 작업에 집중할 수 있도록 한다.

AI 편집 기술은 여러 분야에서 활용되고 있으며, 영상 편집 소프트웨어는 장면 인식과 자동 컷 편집 기능을 제공해 더욱 자연스러운 결과물을 만들어 낸다. 또한 AI는 사용자에게 맞는 다양한 편집 템플릿을 제공해 개인화된 편집 옵션을 주기도 한다.

영상 편집에서 어도비 프리미어 프로(Adobe Premiere Pro)와 애프터이펙트(After Effects)와 같은 소프트웨어는 장면 인식 및 자동 컷 편집 기능을 통해 중요 장면을 빠르게 찾아내고 자연스러운 흐름으로 배치한다. AI는 문서 작성 도구에서도 문법 교정 및 자동 완성 기능을 통해 편집자의 작업을 도와준다. 예를 들어 긴 문서에서 핵심 내용을 자동으로 추출해 요약하는 기능도 AI의 발전으로 가능해졌다.

AI 편집 기술은 알고리즘과 데이터 간의 유기적인 상호작용을 통해 작동한다. 알고리즘은 대량의 데이터를 분석해 의미 있는 패턴을 발견하고, 데이터를 효율적으로 활용한다. 질 좋은 데이터는 알고리즘의 학습 성능에 필수적이다. 따라서 데이터의 품질이 높을수록 더 정교한 알고리즘이 개발될 수 있으며, 이는 편집 작업의 성과에 직접적인 영향을 미친다.

AI 영상 편집 도구

AI 기반 주요 영상 편집 도구 중 어도비 프리미어 프로는

AI '센세이(Sensei)'를 사용해 자동 편집과 색 보정을 지원하며, 파이널 컷 프로(Final Cut Pro)는 자동으로 클립을 정하고 편집 기능을 추천한다. 매지스토(Magisto)는 사용자가 선택한 사진과 영상을 기반으로 AI가 자동으로 편집한다. 필모라(Filmora)는 다양한 AI 도구를 이용해 손쉬운 편집과 효과 추가를 가능하게 하며 디스크립트(Descript)는 텍스트 기반 편집과 AI를 활용한 자막 생성 기능을 제공한다. 피나클 스튜디오(Pinnacle Studio)는 자동화된 편집 기능과 다양한 효과를 제공한다.

AI 영상 편집 도구는 자동 편집 기능으로 작업 시간을 절약해 주고, 직관적인 인터페이스로 초보자도 쉽게 사용할 수 있게 하며, 장면 인식 및 추천 편집을 통해 효율적인 결과물을 제공하고, 반복적인 작업을 자동으로 수행하여 편리함을 더하며, 다양한 필터와 효과를 쉽게 적용할 수 있는 장점이 있다. 하지만 자동화된 편집은 개인의 창의성을 제한할 수 있고, 일부 고급 도구는 상대적으로 높은 비용이 발생하며, 기술 오류가 발생할 경우 문제가 생길 수 있으며, 특수한 요구 사항에 대한 맞춤형 편집이 어려울 수 있고, 자동 편집 결과물이 항상 최상의 품질을 보장하지 않는다는 단점도 있다.

창작 과정의 변화

AI 편집 기술은 최근 인공지능의 발전으로 영상 편집 분야를 혁신적으로 변화시키고 있다. 이 기술은 머신러닝과 딥러닝 알고리즘을 활용해 대량의 데이터를 분석하고 패턴을 인식하며, 이를 통해 반복적인 작업을 자동화하고 개인화된 편집과 새로운 스타일을 제시한다. 이러한 효율성 덕분에 편집자는 창의적인 작업에 더 집중하게 되어 콘텐츠 제작의 생산성이 크게 향상될 수 있다. 그러나 AI에 대한 의존도가 높아질수록 편집자의 독창성이 제한될 우려도 커지고 있다.

긍정적 측면으로는, AI가 새로운 아이디어와 트렌드를 탐색하고 제안함으로써 창작자의 사고를 자극하고 영감을 제공한다는 점이 있다. 철학자 마이클 레이터는 AI와 인간 창작자의 협업을 통해 개성과 일관성의 조화를 이룰 수 있을 것이라고 강조한다. AI가 일관된 스타일을 유지하며 새로운 아이디어를 제시할 때, 인간 창작자는 이를 바탕으로 독창성과 개성을 발휘할 수 있는 가능성이 열린다는 주장이다. 부정적인 시각도 존재한다. AI가 제공하는 편집 추천이나 자동화된 편집 소프트웨어로 인해 콘텐츠의 다양성이 감소하고, 창작자의 독창성이 제한될 수 있다는 우려다. 기술철학자 아이린 난은 이러한 문제를 강조하며 알고리즘 편향과 윤리적 문제에 대한 지속적인 모니터링이 필요하다고 지적한다. 알고리즘이 편향된 데이터를 통해 학습되면 결과물이 공정성을 잃고 특정 방향으로 치우칠 수 있다는 주장이다.

AI 편집 기술은 창작 환경을 혁신하는 잠재력을 지니고 있지만, 그 발전과 함께 철학적, 윤리적 고찰이 병행되어야 한다. AI의 장점을 활용하면서 창작자의 독창성을 극대화하는 방법을 모색해야 할 시점이다.

AI 영상 편집은 반복적인 작업을 자동화하고, 창의성을 확장하며, 개인화된 경험을 제공하고, 팀원 간의 협업 방식을 변화시키고, 접근성을 향상시키는 동시에 저작권과 윤리적 문제에 대한 깊은 고민을 요구함으로써 우리의 창작 과정을 혁신적으로 변화시킬 것이다.

참고문헌

김덕진(2023). 『AI 2024』, 스마트북스.
김선희 외(2024). 『인공지능시대의 철학자들』, 사월의책.
김재희(2024). 『시몽동의 기술철학』, 아카넷.
이광석 외(2016). 『현대 기술·미디어 철학의 갈래들』, 그린비.
이지은(2017). 『도나 해러웨이』, 커뮤니케이션북스.
조지은(2024). 『미래언어가 온다』, 미래의창.
Feenberg, A.(1999). *Questioning Technology*, London: Routledge.

Kaplan, J. 정미진 옮김(2024). 『생성형 AI는 어떤 미래를 만드는가』, 한스미디어.

Latour, B. 홍성욱 옮김(2018). 『인간·사물·동맹』, 이음.

09
AI 자막 생성

AI 자막 기술은 최신 자연어 처리 기술 덕분에 매력적인 콘텐츠에 생명을 불어넣고, 다양한 언어로 사람들을 연결하는 능력을 갖추게 되었다. 또한 맞춤형 자막을 제공해 사용자 경험을 더욱 풍부하게 만들어 주고, AI와 사람의 협업을 통해 콘텐츠 제작의 새로운 지평을 열고 있다. 이는 콘텐츠 소비 방식과 글로벌 커뮤니케이션에 혁신을 일으킬 것이다.

AI 자막 생성

AI 자막 생성 기술은 인공지능을 활용해 음성을 자동으로 텍스트로 변환하고, 이를 바탕으로 자막을 생성하는 시스템이다. 이 기술은 여러 단계로 이루어져 있으며, 각 단계에서 다양한 알고리즘과 자연어 처리 기술이 사용된다. 첫 단계는 음성 인식이다. 이 단계에서는 입력된 음성을 분석해 해당 내용을 텍스트로 변환한다. 최신 AI 모델들은 높은 정확도로 다양한 억양과 발음을 인식할 수 있어, 여러 언어와 방언에 대한 지원이 가능하다. 둘째 단계는 문맥 이해다. AI는 단순히 단어를 나열하는 것이 아니라, 대화의 흐름과 맥락을 이해해 자연스럽고 문법적으로 올바른 문장을 생성한다. 이를 통해 자막의 가독성과 품질이 향상된다. 셋째로, 시간 코드 삽입이 이루어진다. 생성된 자막에는 영상의 특정 타임라인에 맞춰 시간 코드가 추가되어, 자막이 영상과 정확히 싱크를 맞추게 된다. 이는 시청자가 내용을 쉽게 따라갈 수 있도록 도와준다.

또한 다국어 지원 기능이 있어, 여러 언어로 자막을 생성할 수 있다. 이는 글로벌한 콘텐츠 제작에 매우 중요한 요소로, 다양한 문화권의 사용자들에게 접근성을 제공한다. 최종적으로 생성된 자막은 사용자가 쉽게 편집 및 수정을 할 수 있다. 이를 통해 사용자는 필요에 따라 자막 내용을 수정하거나 추가해 더욱 맞춤화된 결과물을 얻을 수 있다. 이러한 기술은 영화, 방송, 교육, 온라인 콘텐츠 등 다양한 분야에서 활용되며, 특히 청각 장애인을 위한 접근성을 향상시키고 다국적 사용자에게 정보를 전달하는 데 큰 역할을 한다.

자막 자동 생성 기술의 원리

AI 자막 자동 생성 기술은 영상 콘텐츠에서 음성을 인식하고 텍스트로 변환해 자막을 생성하는 과정을 포함한다. 이 기술은 주로 음성 인식과 자연어 처리라는 두 가지 핵심 기술에 기반한다.

AI 자막 생성의 첫 단계는 음성 인식으로, 사용자 음성이 마이크를 통해 전송되면 이 음성을 디지털 신호로 변환한다. 이 신호는 특징 벡터로 변환되고, 그다음 어쿠스틱 모델(acoustic model)을 통해 음소 단위로 인식된다. 이어서 언어 모델(language model)을 사용해 음성을 단어로 변환한다. 예를 들어 '안녕하세요'라는 음성이 입력되면 최종적으로 '안녕하세요'라는 텍스트로 변환되는 과정을 거친다.

음성을 텍스트로 변환한 후 자연어 처리 과정이 진행

된다. 여기서 인식된 텍스트는 형태소 분석, 구문 분석, 개체명 인식 등의 절차를 통해 의미 있는 자막으로 만들어진다. 형태소 분석으로 문장을 구성하는 기본 단위를 추출하고, 구문 분석에서는 단어 간의 관계를 분석해 문장의 구조를 확인한다. 이렇게 구조화된 문장은 적절한 시점에 자막으로 표시된다.

AI 자막 생성 기술에 사용되는 다양한 알고리즘과 모델이 존재한다. 음성 인식 분야에서는 통상적으로 가우시안 혼합 모델(GMM)과 히든 마르코프 모델(HMM)이 사용되어 왔으나, 최근에는 딥러닝 모델인 합성곱 신경망(CNN), 순환 신경망(RNN), 트랜스포머(Transformer) 등의 신경망 모델이 더 많이 활용된다. 이러한 방법들은 음성 인식과 자연어 처리의 성능을 크게 향상시킨다.

자막 생성 기술의 진화

AI 자막 생성 기술의 발전은 최근 몇 년간 급격히 진행되었다. 이 기술은 음성 인식, 자연어 처리, 머신러닝 등 여러 분야의 혁신을 통해 크게 향상되었다. 기술의 연구와 성과를 보면 자막 생성 기술의 과제와 미래를 확인할 수 있다.

첫째, 정확도 향상이다. 초기의 음성 인식 기술은 특

정 환경이나 억양에 민감했지만, 최신 AI 모델은 다양한 억양과 배경 소음에서도 높은 정확도로 음성을 인식할 수 있다. 특히 딥러닝 기술이 발전하며 음성 인식의 오류율이 크게 감소했다.

둘째, 실시간 자막 생성의 가능성이 높아졌다. 그동안 자막 생성은 사후 처리 방식이 많았으나, 현재는 실시간으로 자막을 생성하는 시스템이 개발되고 있다. 이는 생방송, 회의, 온라인 강의 등 다양한 상황에서 유용하게 사용된다.

셋째, 다국어 지원이 확대되었다. 여러 언어에 대한 음성 인식과 자막 생성이 가능해짐에 따라 글로벌 콘텐츠 제작이 용이해졌다. 이는 다양한 문화권의 사용자들에게 접근성을 높이는 데 기여하고 있다.

넷째, 사용자 맞춤형 기능이 추가되고 있다. AI 자막 생성 시스템은 사용자의 요구에 따라 자막의 스타일, 포맷, 언어 등을 조정할 수 있는 기능을 제공한다. 이를 통해 더욱 개인화된 경험을 제공할 수 있다.

한편 기술의 발전으로 AI 윤리 문제도 중요한 동향으로 부각되고 있다. 자막 생성 기술이 잘못된 정보나 편향된 내용을 생성할 수 있는 가능성을 염두에 두고, 이를 방지하기 위한 연구와 논의가 진행되고 있다. 이러한 윤리적 고려는 기술의 신뢰성을 높이는 데 필수적이다.

AI 자막 생성 기술은 정확도와 실용성을 높이며, 글로벌화와 개인화의 흐름에 맞춰 발전하고 있다. 앞으로도 기술의 발전은 계속될 것이며, 다양한 분야에서 활용 가능성이 더욱 확대될 것이다.

AI 자막 기술의 윤리적 쟁점

자막 기술의 윤리적인 문제는 여러 방면에서 중요한 논의가 되고 있다. 주요 키워드로는 정확성, 편향성, 프라이버시, 책임, 접근성 등을 들 수 있다.

정확성 문제는 AI가 생성한 자막의 신뢰성에 대한 우려를 포함한다. 음성 인식 기술이 발전했지만 여전히 오인식이 발생할 수 있다. 잘못된 정보가 자막으로 제공되면, 특히 교육이나 뉴스와 같은 중요한 맥락에서 사용자에게 큰 혼란을 초래할 수 있다. 이러한 오류는 사실 확인이 필요한 상황에서 심각한 결과를 낳을 수 있다.

편향성은 AI 모델이 훈련되는 데이터의 특성과 관련이 있다. AI는 특정 문화, 인종, 성별에 대한 편향을 반영할 수 있으며, 이는 자막 내용에 부정적인 영향을 미칠 수 있다. 예를 들어 특정 언어 또는 방언을 적절히 인식하지 못하거나 특정 집단에 대한 부정확한 묘사를 초래할 수 있다. 이는 차별적인 시각을 강화할 위험이 있다.

프라이버시 문제는 사용자의 음성이 데이터로 수집될 때 발생한다. AI 자막 기술이 개인의 음성을 인식하고 처리하는 과정에서 개인 정보가 유출될 수 있다. 사용자의 동의 없이 이러한 데이터가 저장되거나 사용되는 경우, 윤리적 문제가 발생한다. 따라서 데이터 보호와 관련된 명확한 정책이 필요하다.

책임 문제는 AI가 생성한 자막에 오류가 발생했을 때 그 책임이 누구에게 있는지에 대한 논의다. 기술 개발자, 사용자, 플랫폼 운영자 간의 책임 소재를 명확히 해야 하며, 이러한 논의는 법적, 윤리적 기준을 확립하는 데 중요하다.

접근성 문제는 AI 자막 기술이 모든 사용자에게 동등하게 제공되지 않을 때 발생한다. 기술이 특정 집단에게만 유리하게 작용하면 소외되는 그룹이 생길 수 있다. 이는 특히 청각 장애인이나 비영어 사용자에게 큰 영향을 미친다. 따라서 기술의 보급과 교육이 필요하며, 다양한 사용자에게 접근할 수 있는 방법을 모색해야 한다.

AI 자막 기술은 편리함과 효율성을 제공하지만, 그 이면에는 여러 윤리적 쟁점이 존재한다. 이러한 문제들은 기술 발전과 함께 지속적으로 논의하고 해결해 나가야

할 중요한 과제다.

마셜 매클루언 같은 이론가들은 미디어가 정보 전달을 넘어 인간의 인식 방식에까지 영향을 미친다고 주장한다. 그 이론에 따르면 AI 자막 기술은 영상 콘텐츠를 소비하는 방식과 의미를 구성하는 방식에 변화를 미칠 수 있으며, 이는 우리의 감각과 인지 능력에도 영향을 미칠 수 있다. 이러한 변화는 우리가 정보를 수용하고 처리하는 방식에 깊은 몰입을 유도할 수 있는 여지를 만들어 준다.

코르테스와 같은 비판적 이론가들은 AI 자막 기술이 실재와 가상의 경계에 대한 새로운 질문을 던진다고 주장한다. AI가 생성한 자막은 사람이 작성한 것과 구별하기 어려워, 실재와 가상의 중첩을 더욱 복잡하게 만든다. 이로 인해 실체에 대한 인식이 왜곡될 위험이 존재한다.

기술 낙관주의자들은 이러한 AI 기술이 인간의 능력을 확장하고 제약에서 해방시켜 줄 것이라고 믿는다. 하지만 기술 회의론자들은 기술에 지나치게 의존하면 인간성이 상실될 위험이 있다고 경고한다. 이러한 논의는 기술과 인간성의 관계를 탐구하는 데서 균형 잡힌 시각을 유지해야 함을 시사한다.

참고문헌

김덕진(2023). 『AI 2024』, 스마트북스.

김선희 외(2024). 『인공지능시대의 철학자들』, 사월의책.

김재희(2024). 『시몽동의 기술철학』, 아카넷.

이광석 외(2016). 『현대 기술·미디어 철학의 갈래들』, 그린비.

이지은(2017). 『도나 해러웨이』, 커뮤니케이션북스.

조지은(2024). 『미래언어가 온다』, 미래의창.

Feenberg, A.(1999). *Questioning Technology*, London: Routledge.

Kaplan, J. 정미진 옮김(2024). 『생성형 AI는 어떤 미래를 만드는가』, 한스미디어.

Latour, B. 홍성욱 옮김(2018). 『인간·사물·동맹』, 이음.

10
AI 클라우드 기반 영상 편집

AI 클라우드 기반 영상 편집은 자동화된 편집과 협업 기능을 통해 사용자가 쉽게 고품질 영상을 제작할 수 있도록 도와준다. 클라우드 기반으로 언제 어디서나 접근할 수 있고, 비용 효율적으로 이용할 수 있는 점이 큰 장점이다. 무엇보다도 대단한 것은 협업을 통한 영상 편집 작업이다. AI와의 공존과 협력의 가능성을 시사한다.

AI 클라우드 기반 영상 편집

클라우드 기반 영상 편집 기술은 현대의 영상 제작 환경에 중요한 혁신을 일으켰다. 이 기술은 사용자가 인터넷만 있으면 언제 어디서나 편집 작업을 수행할 수 있는 높은 접근성을 제공한다. 영상 제작자들은 다양한 장치에서 편집할 수 있어 작업의 유연성이 크게 증가한다. 이는 특히 출장이나 이동 중에도 작업을 이어 갈 수 있어 제작 시간 단축에 기여한다.

AI 클라우드 기반 영상 편집은 인공지능을 활용해 편집 과정을 훨씬 편리하게 만들어 주는 서비스다. 이 시스템은 사용자가 올린 영상을 자동으로 분석해서 중요한 장면을 뽑아내고 자연스럽게 이어 주는 기능이 있다. 예를 들어 인물 인식 기술이 있어서 중요한 순간을 놓치지 않고 잘 잡아낸다.

또한 다양한 효과와 필터를 쉽게 적용할 수 있어서 원하는 스타일로 영상을 꾸밀 수 있다. AI가 추천하는 효과를 통해 전문가처럼 결과물을 만들 수 있는 게 큰 장점이다. 자막 생성 기능도 유용해서, 영상 내용을 자동으로 분석해 자막을 만들어 주고, 다른 언어로 번역하는 것도 어렵지 않다.

AI 클라우드 기반 영상 편집은 인터넷만 있으면 언제

어디서나 작업할 수 있는 자유로움이 있다. 여러 사람이 동시에 작업할 수 있는 협업 기능도 있어서 팀 프로젝트에 적합하다. 특히 비싼 편집 소프트웨어를 사지 않고도 구독 모델로 이용할 수 있어서 비용 면에서도 매우 효율적이다. 이런 이유로 AI 클라우드 기반 영상 편집은 많은 콘텐츠 제작자와 기업으로부터 사랑받고 있다.

실시간 협업

클라우드 기반 영상 편집 플랫폼의 실시간 협업 기능은 현대 영상 제작에서 가장 중요한 요소 중 하나다. 팀원들은 동시에 프로젝트에 접근하고, 변경 사항을 실시간으로 반영할 수 있다. 이를 통해 아이디어 교류가 활발해지고, 소통이 원활해져서 더 나은 결과물이 나온다.

실시간 협업의 큰 장점은 시간이나 장소에 구애받지 않는다는 것이다. 인터넷만 있으면 언제 어디서든 프로젝트에 참여할 수 있어서, 팀원들이 물리적으로 떨어져 있어도 상관없다. 이는 특히 원격 근무가 보편화된 시대에 매우 유용하다.

다양한 팀원 구성으로 다른 지역에 있는 전문가들이 함께 작업할 수 있어, 다양한 시각을 반영한 창의적인 결과물을 만들 수 있다. 팀원들이 실시간으로 의견을 교환

하므로 불필요한 반복 작업을 줄여 주고, 즉각적인 피드백을 통해 작업의 품질을 높일 수 있다.

실시간 협업 플랫폼은 일정 관리 및 작업 진행 상황을 공유할 수 있는 기능도 제공한다. 이 기능을 통해 전체 프로젝트를 체계적으로 관리할 수 있다. 각 팀원은 자신의 작업이 어떻게 진행되고 있는지 실시간으로 확인할 수 있어 업무의 효율성이 증대된다.

팀원 간의 소통이 원활해진 덕분에 창의력이 발휘될 수 있는 기회가 늘어난다. 아이디어 회의에서부터 최종 편집까지 각자의 의견을 즉시 반영할 수 있으니, 더 나은 결과물을 만들어 낼 수 있다. 다양한 아이디어가 상호작용하며 발전하는 과정은 프로젝트의 질을 높이는 데 크게 기여한다.

데이터 관리의 효율성

데이터 저장과 관리의 효율성도 클라우드 기반 영상 편집의 강점이다. 영상 콘텐츠는 대용량 데이터를 요구하기 때문에 클라우드에서 안전하게 데이터를 저장하고 관리할 수 있는 기술이 필수적이다. 클라우드는 데이터 손실의 위험을 최소화하고, 사용자들이 작업에 집중할 수 있도록 돕는다. 데이터 중복 저장 및 백업 기능을 통해 시스템의 안정성을 높이며, 대용량 데이터 처리에서 발생할 수 있는 복잡한 문제들을 효율적으로 해결한다.

그러나 이러한 클라우드 기반 영상 편집 기술에는 데이터 보안과 프라이버시 문제가 여전히 존재한다. 모든 편집 작업이 클라우드에 저장되기 때문에 해킹이나 데이터 유출 위험에 노출될 수 있다. 이를 해결하기 위해서는 강력한 보안 규정을 지키고, 사용자들이 데이터 보호에 주의를 기울여야 할 필요성이 있다. 정기적인 보안 점검과 함께 클라우드 서비스 제공 업체의 보안 정책을 살펴보는 것이 중요하다.

비용 효율성

비용 효율성도 중요한 요소로서, 클라우드 기반 플랫폼은 구독 모델을 채택해 고가의 소프트웨어나 하드웨어 없이도 필요한 만큼의 비용만 지불하고 사용할 수 있다. 이는 소규모 프리랜서부터 대규모 제작사까지 다양한 사용자에게 많은 혜택을 준다. 초기 투자 비용을 절감할 수 있어 예산을 효율적으로 관리할 수 있으며, 지속적인 업데이트로 최신 기술을 활용할 수 있어 장기적으로도 비용 대비 효율이 높아진다.

클라우드 기반 영상 편집 기술은 접근성과 효율성이

크게 개선되었으며, 더 많은 사용자들에게 창의적 가능성을 열어 주는 플랫폼으로 자리 잡고 있다. 이 기술은 영상 제작의 민주화를 이끌어 내며, 앞으로도 사용자들이 더 쉽게 접근하고 활용할 수 있도록 발전할 것으로 예상된다. 기술이 진화를 거듭함에 따라 보안과 프라이버시 문제를 해결하기 위한 지속적인 노력이 필요한 시점이다. 이와 같은 노력이 이루어져야 클라우드 대표 플랫폼이 개인과 사회에 긍정적인 영향을 미칠 수 있을 것이다.

참고문헌

김덕진(2023). 『AI 2024』, 스마트북스.
김선희 외(2024). 『인공지능시대의 철학자들』, 사월의책.
김재희(2024). 『시몽동의 기술철학』, 아카넷.
이광석 외(2016). 『현대 기술·미디어 철학의 갈래들』, 그린비.
이지은(2017). 『도나 해러웨이』, 커뮤니케이션북스.
조지은(2024). 『미래언어가 온다』, 미래의창.
Feenberg, A.(1999). *Questioning Technology*, London: Routledge.
Kaplan, J. 정미진 옮김(2024). 『생성형 AI는 어떤 미래를 만드는가』, 한스미디어.
Latour, B. 홍성욱 옮김(2018). 『인간·사물·동맹』, 이음.

이호은

청운대학교 방송영화영상학과 정교수로 재직 중이다. 한국외국어대학교에서 커뮤니케이션학 박사학위를 취득했다. 한국정치커뮤니케이션학회장을 지냈고 한국방송학회 영상연구회장으로 활동했다. KBS 시청자위원, 중앙선거관리위원회 자문위원을 역임했다. 전 방송 프로듀서로서 다수의 다큐멘터리와 드라마를 연출했다. 저서로 『스트리밍 시대의 비디오 저널리스트』(2015), 『커뮤니케이션으로 정치하라』(2014), 『영상과 상호미디어성』(2013), 『영상 이론과 실제』(2012), 『다큐멘터리 또 하나의 영화』(2009), 『영상학서설』(2008)이 있다. "한류 영상 콘텐츠의 한국어 수용에 관한 연구"(2024), "대통령후보 TV토론회의 수용태도 연구"(2022), "인기드라마에 내재된 공통구조와 그 양상"(2011), "다큐멘터리의 드라마 구조 수용에 관한 연구"(2006), "박근혜 대표 피습 이후 이미지 변화 연구"(2006), "분할영상광고의 특성 및 수용태도 연구"(2005), "노무현 대통령의 재신임 수용태도에 관한 연구"(2004) 등 100편 이상의 논문을 KCI, SCI, SSCI, SCOPUS 등 등재학술지에 게재했다.